好妈妈 不焦虑

正面管教的6种超实用工具

刘勇赫 著

湖南教育出版社

图书在版编目（CIP）数据

好妈妈不焦虑 ： 正面管教的 6 种超实用工具 / 刘勇赫著. -- 长沙 ： 湖南教育出版社，2021.5
ISBN 978-7-5539-8176-5

Ⅰ. ①好… Ⅱ. ①刘… Ⅲ. ①亲子关系－家庭教育 Ⅳ. ①G78

中国版本图书馆 CIP 数据核字(2021)第 075260 号

书　　名　好妈妈不焦虑 ： 正面管教的 6 种超实用工具
责任编辑　陈逸昕
责任校对　任娟
装帧设计　阙铭
出版发行　湖南教育出版社（长沙市韶山北路 443 号）
网　　址　www.bakclass.com
电子邮箱　hnjycbs@sina.com
微 信 号　贝壳导学
客服电话　0731-85486979
经　　销　湖南省新华书店
印　　刷　湖南贝特尔印务有限公司
开　　本　880 mm×1240 mm　1/32
印　　张　7.75
字　　数　97000
版　　次　2021 年 5 月第 1 版
印　　次　2021 年 5 月第 1 次印刷
书　　号　ISBN 978-7-5539-8176-5
定　　价　36.00 元

如有质量问题，影响阅读，请与湖南教育出版社联系调换。

自序：好妈妈为何“好”焦虑

记得很多年前，我作为家庭教育专家代表，受邀参加一个中国女性幸福白皮书发布会。我觉得她们之所以邀请我，一方面是因为我的专业，另一方面可能是因为我对女性的态度。在我看来，女性的情绪，左右着家庭甚至国家的命运。换句话说，女性的重要性可能远远超出了我们的想象。一位妈妈如果在生活中总是暴跳如雷、对孩子横加指责，孩子就会把所有的精力放在应付她的情绪上，或逃避或表演，或对抗或撒谎；倘若一位妈妈能够善解人意、温柔包容，孩子便有机会、有时间去反思亲子关系与自己的问题。那么，这本书是来批判和警告妈妈的吗？当然不是！

这本书关心的问题，不是妈妈焦虑导致了什么“灾难”，而是什么“灾难”导致了妈妈的焦虑。我们可以从以下几个方面去思考。

其一，妈妈，你是不是教育权威角色？教育活动需要权威角色，也需要协助角色，这是它与众不同的地方。妈妈是孩子的第一位教育权威人物，是口令的发布者，其他家庭成员不能当着孩子的面去否定和质疑妈妈，要“背着”孩子和妈妈进行交流。妈妈说往东，爸爸说往西，爷爷说往南，奶奶说往北，你说她能不焦虑吗？

其二，妈妈，你是不是已经没有了自我？许多妈妈眼里只有孩子，把自己的时间、精力和爱心完全放在孩子身上，孩子千万别得病，孩子千万别闹情绪，孩子千万别输在起跑线上……自己也不打扮了，也没有兴趣爱好了，也不三五好友聚会了……一看镜子，哎呀妈呀，这位大姐是谁，你说她能不焦虑吗？

其三，妈妈，你是不是已经放弃了你的“猪”队友？有一些爸爸，在有孩子之前和有孩子之后改变不大。该上班时上班，该打球时打球，该打游戏还是打游戏，唯一的不同就是睡觉的地方，从床上换到了沙发上。妈妈成了育儿仆人，爸爸成了育儿看客，你说她能不焦虑吗？

其四，妈妈，你是不是试图改变你的婆婆？婆婆不是亲妈，就算是亲妈也很难改变。老人有老人的价值观，他们的带娃理念与带娃方式你根本不能接受，你也觉得他们很辛苦、不容易，但毕竟你是孩子的妈妈，老人们并没有义务为你教育孩子。说出问题不好，不说出问题好像也不好，你说她能不焦虑吗？

其五，妈妈，你是不是已经放弃了事业？曾经的职场精英，怎能退居二线？那是让人光鲜亮丽、备受尊重的舞台啊！再次回来的时候，是不是身边多了许多年轻人，是不是管理制度已经发生了改变，业务还能像从前那样驾轻就熟吗？一想到这些，你说她能不焦虑吗？

这些问题并不是全部焦虑的来源，但足以让你感受到扑面而来的不易。这本书恰恰是给妈妈做一回贴身参谋，一一巧妙化解矛盾与困惑，让妈妈不再焦虑。本书分为七章，第一章至第六章分别涉及亲子育儿焦虑、婚姻家庭焦虑、平衡职场育儿焦虑、学科辅导焦虑、隔代教育焦虑以及人际交往焦虑，第七章是经典案例汇总解答。

关注孩子，先要关注妈妈，没有妈妈的身心健康，就没有孩子的健康成长。

妈妈，你一定要记住，你不是一个人在战斗！希望这本书能够给所有的妈妈们带来幸运与帮助！为你加油！

好妈妈，不焦虑！

刘勇赫

于全国妇联《婚姻与家庭》杂志社

2021 年 3 月 17 日

目录

第一章　理智与情感的较量——远离亲子育儿焦虑

第二章　婚姻与育儿的拉锯战——解决婚姻家庭焦虑

第六章 发现自我 给自己空间——避免人际交往焦虑

第七章 全面剖析，你关心的育儿案例

第一章

理智与情感的较量

——远离亲子育儿焦虑

血浓于水，孩子是父母最割舍不下的存在。从孩子出生起，对孩子的牵挂就充满了妈妈的生命。妈妈希望给孩子最好的抚育和教养，为孩子的成长费尽心思、绞尽脑汁，虽然辛苦却乐此不疲。这是人类最伟大的情感，无可辩驳。

然而，伴随着父母对孩子越来越重视的社会大环境，现在的父母对孩子有了越来越高的关注和期待，在培养孩子的过程中，孩子出现的一切问题及未来可能的行为都会引发父母尤其是妈妈们的焦虑，由此带来的高压力引发了一个越来越普遍的问题——育儿焦虑症。养个孩子为什么这么难，这是年轻父母尤其是焦虑的妈妈们无奈的发问。“孩子不肯好好吃饭怎么办？”“上了幼儿园受欺负怎么办？”“别家孩子都会认字说英文，我家孩子就会成天瞎玩怎么办？”……从吃喝拉撒到选什么特长班、上什么幼儿园，从早教到孩子成人，妈妈们似乎永远放不下心来。

要想摆脱育儿焦虑，妈妈们就要有正确的教育认知和合理的育儿心态，科学育儿。每个妈妈并不是生来就是妈妈，尤其大多数妈妈都是第一次当妈妈。本章将针对育儿焦虑话题，告诉你一些科学理性的育儿观念，用理性约束情感，远离焦虑。

早期教育四原则

早期教育无小事，技巧也是不计其数。有的时候，家长们总会在朋友圈或微博发现某些专家或辣妈提出了新奇的教育观念或教育方法，乍一看去很有道理，仔细想想又不敢在自己孩子身上做“实验”。

有一次，我应邀为美国亲子作家梅根·弗朗西斯女士的新书《辣妈心计》写序言，这位有四个孩子的母亲的“潇洒辣妈经”，对我的育儿理念产生了很大的影响。弗朗西斯女士没有站在专家的角度来写这本书，而是以一位普通母亲的姿态，为年轻妈妈们提供了一些建议。教育方法与技巧千千万，同时母亲在家庭中的工作也是超级琐碎，到底听谁的？到底该怎么做呢？弗朗西斯女士说：“我们是最了解自己孩子的人，我们比任何专家都了解自己的孩子，这是事实，我们要用适合自己的教育方式去教育孩子。”她提出了一种思路，如果我们凡事考虑得事无巨细，反而不利于儿童的发展，并且母亲也会疲龛万分，失去自己的生活。她觉得应该列举几条育儿原则，在严守这些原则之后，其余的事情都可以去做。我认为这是一种育儿智慧与育儿勇气。现在想来，我的母亲也是采用这种教育思路对我进行教育的。

经过八年的田野研究与咨询工作，我发现了中国家长在育儿方面存在的四大原则问题：（1）给予孩子不客观的评价；（2）采用非理性的语言；（3）忽视典范教育的作用；（4）生活状态懈怠。我们要聚焦这四个问题，这四个原则问题。下面我围绕这四个原则问题讲一讲教育技巧。

我把这四个早期教育原则总结为“ROMP 原则”：理性回应原则（Rational response）、客观评价原则（Objective evaluation）、典范教育原则（Model education）和积极教育原则（Positive education）。

1.**给予孩子理性的回应。**我曾经向大家介绍过 0—3 岁的服从期教育和 3—6 岁的协商期教育。为了配合这种训练，我们在对待孩子的称呼上其实有一种技巧。孩子 0—3 岁的时候，家长要多用“你”，这是为了增强家长的权威性，要求孩子服从你的口令。而到了 3—6 岁的时候，家长要多用“我们”，因为在这个时候，需要开始培养孩子的民主意识，鼓励孩子表达自己的观点。

孩子 3—6 岁时，父母要格外注意自己的言语，因为这个时候家长的非理性语言，如错误概念、错误联想，会直接印刻在儿童的脑海中，并可能成为终身情结。比如，有的妈妈在非理性状态下可能说出“男人没有一个好东西!”，类似这样的表达要坚决克制。

还有一种情况，有些家长喜欢通过承诺的方式促进孩子养成好习惯，如“你要是好好睡觉，醒来就带你去公园玩”。然而，倘若家长承诺了却又没做到，对于孩子诚信的培养就起了错误的示范。而过多满足孩子的欲望，又容易促使孩子形成功利的思维模式。而且“好好睡觉”与“去公园玩”之间并没有逻辑关系，这种承诺对于儿童的智力发展没有任何好处。

如果孩子特别想要购买一件东西，不要直接答应他，而应该询问用途，让其养成理性消费的习惯。

2.**不贴标签，给予孩子客观的评价。**家长总会在日常生活中给孩子起一些昵称，或者在孩子完成一项任务时给予一些好的评价。说话再严谨的父母，也难免会“夸张褒扬”——“宝宝你就是个天才!”“宝宝你就是一个超人!”“宝贝你是世界上最漂亮的人!”这些评价看似随意，实际上却为孩子贴上了心理标签。用阿德勒的话说，是为青春期埋下了深深的隐患。当然，我们对 3—6 岁的孩子过分贬低或经常性否定，同样会贴上标签，给孩子带来伤害。举个例子，对于孩子懒散的毛病，不能容忍的父母常常无计可施，便会对孩子说：“你怎么干点事情这么磨叽！”“你怎么这么懒呢？”父母想要孩子变得勤快、做事利索，却忍不住总是以否定性话语去刺激，最终孩子接收到的信息就是“在爸妈眼里我就是懒、磨叽”，于是很难有激励性的行为发生。正确的做法是，在孩子3—6岁期间对其进行客观的评价，让孩子接纳自己的优点与不足，正确认识自己，在激励的作用下改正与进步。

在《让孩子快乐的亲子关系》书中，我提到了一种叫“富兰克林表”的游戏，可以帮助孩子接纳自己。在一张白纸上，中间画一条竖线，左边写自己的五个优点，右边写自己的五个缺点。家长可以与孩子一起写，写完自己的也可以写对方的，然后进行比较。让孩子了解自己眼中的自己与家长眼中的自己，从而学会客观地看待自己。

3.**为孩子树立典范的行为。**儿童0—6岁，主要的学习方式是模仿，模仿的主要对象是父母，尤其是生活中的父母。你的一言一行、一举一动，皆入童眼。如果我们要求孩子做到的事，我们必须要先做到。如果我们能够做示范，就尽量做示范。有些家长会对孩子说：“我看会电视，你自己看会书吧！”孩子总是认为家长做的事情比自己做的事情有意思，所以当你选择了看电视，孩子心里也就装起了电视；如果你捧起书，他也就捧起了书。

更多的行为学习是在亲子互动中完成的。在亲子游戏中学会创新，在亲子沟通中学会说话方式，在亲子阅读中学会学习方法，在亲子运动中学会游戏规则。亲子互动是人际互动的范本，在这里掌握了经验，孩子也就能够更好地和小伙伴们一起学习、一起玩耍。

4.**展现给孩子积极的状态。**很多家长下班回到家，都显出一副疲惫不堪的姿态，慵懒地瘫坐在沙发上。这样的形象会给孩子一些误解，让他们认为工作和学习都是累的，是迫不得已或者不快乐的，无形中给孩子以负面的心理暗示。所以，我们在孩子面前应该保持一种积极的状态，尽量不要把消极情绪带到家中，让孩子看到父母是积极向上的、是阳光的、是勇敢的。很多家长能够跟孩子沟通工作、生活中的问题，这样做也是很不错的，但如果总说自己不容易，要孩子多体谅自己——这种方式也是有问题的。最好的做法是：向孩子介绍工作的困难，但同时也讲讲自己如何克服这个困难的。这样一来，既在孩子面前树立了高大的形象，又给孩子传授了经验方法。

教育的目的是让孩子过得更幸福，而最重要的教育手段是尊重孩子。把握好早教四原则，或许你会发现教育孩子不是那么难的事，你与孩子在共同成长中充满了幸福感，而不会再去焦虑孩子是否能如你所愿，或你是否能教育出一个出色的孩子。

婴儿的时间管理

在我女儿千慧 6 个月大的时候，我和妻子带她去做了体检。胖了，高了，我放心了。在医院的楼道里，一不留神就会被抱着“兔”宝宝或“龙”宝宝的人撞开。由于是工作日，这些人大多是爷爷奶奶级的人物，他们面露喜色、健步如飞，很难想象这是他们这个年龄段该有的举动。妻子只盯着女儿，我却像其他好奇的人一样，比较着自家孩子与其他的孩子的不同。这个孩子比千慧白，那个孩子没有千慧“机灵”……在比较中，我也渐渐明白“各家羊各家拴”的道理，不管怎样，受你影响最大的，无论从生前到产后，还是你的孩子。就像亚里士多德说的：人，生下来是张白纸。如何去“用”它，做适合这个“孩纸”的事情，或做国画、西洋画，或做折叠造型、剪纸，父母是逃不开干系的。很多人认为应该让孩子自由发展，我不敢苟同，尤其是 0—3 岁的时候，儿童并不了解自己的生理需要与发展需要，这要靠父母足够的清醒与理性，用科学的育儿方法，简简单单做到让孩子健康而快乐的成长。

有一次，一个在育儿杂志工作的朋友和我谈到了婴儿的作息问题，或者说是时间管理问题，我觉得很有意思。其实在有了千慧之后，我一直在思考一个问题：在孩子很小的时候，我指的是孩子的意识并没有完全形成时，我们应该如何去“管理”他们？我的妻子也是心理教师，她在这方面和我产生了很大的分歧。我坚持我的“满足论”：认为0—1岁的时候最要紧的是培养孩子的安全感与归属感，可以按照我曾经提出的“气质教育”，针对不同类型的孩子实行百分之百的满足，这样可以让孩子获得难能可贵的自信心；妻子则提出了“作息论”：认为在孩子很小的时候就执行有规律的行为，有助于今后培养良好的时间观念与行为习惯。在那半年里，我和妻子都看了很多育儿方面的书，努力寻找论据想要驳倒对方的观点。直到今天，我们才达成了一个共识，即心理上的满足和作息规律化并不冲突与矛盾，作息规律化就是对婴幼儿最好的时间管理，而心理上的满足恰恰是实现作息规律化的手段。这也丰富了我对0—3岁儿童实行“奖励式能力培养”的教育理念。

人是从动物演化而来的，0—3岁的孩子与3—6岁的孩子有着本质的区别。精神分析学派把人格分为本我、自我与超我三个部分，而 0—3 岁时恰恰只具有本我的部分，也可以认为 0—3 岁的人与动物非常相似。我们都知道驯兽师是如何让大象跳舞、让狮子钻火圈的。他们会先让动物饿上几天，再开始训练，当它们偶然间做对了动作马上奖励食物，做错了动作便皮鞭伺候，这样动物受到了后天条件反射，或者说操作性条件反射的影响，逐渐学会了一连串表演动作。在这里我们姑且不谈动物保护的问题，实际上我对那样的做法是排斥的。我们要知道，0—3 岁儿童的行为是奖励出来的结果，而且会助益一生。很多家长希望在宝宝 0—3 岁的时候多学习知识，这真是本末倒置的行为。要知道，儿童在 0—3 岁的时候是塑造行为与习惯的黄金时期，错过就难以弥补。

时间管理包括计划、组织、控制、指挥、协调与决策六个要素，而这些要素都是为了项目完成而存在的，将时间与拆分的子项目紧紧捆绑在一起，简单来说就是专时专用。从大范围来说，每个时间段有每个时间段的子项目，如 0—3 岁是通过感统训练进行行为能力的培养；而 3—6 岁则是通过亲子互动进行亲子关系的维护与独立人格的培养。从小范围来说，每一天，应该为孩子制订切实可行的作息安排。我们先来谈谈 1 岁以内婴儿的作息安排。1 岁以内的宝宝没有意识进行自我管理，我们必须在了解宝宝心理与身体发育规律之后，对他们进行作息安排。以下是千慧妈妈为千慧设计的作息安排，供大家参考：

7:00　起床、喝水、洗脸、把屎把尿、消毒奶瓶

8:00　吃饭、拍嗝、休息一会

8:30　晒太阳

9:00　睡觉

10:30　亲子游戏

12:00　吃饭、拍嗝、休息一会

13:00　睡觉

15:00　喝水、晒太阳

15:30　亲子游戏

17:00　吃饭、拍嗝、休息一会

17:30　睡觉

19:30　亲子游戏

20:30　洗澡

21:00　睡觉

当然，儿童与儿童之间会有略微的差异，但这种近似苛刻的“时间管理”对儿童的身心发展有很大的好处。一方面，规律的作息会让儿童的循环系统有条不紊，身体得以健康运

转；另一方面，幼年的“严格作息”会在儿童潜意识中形成情结，为他将来独立生存与发展埋下良好的伏笔。可以说，“作息表”的方法对孩子是有益的，同时也可以减轻父母的管理成本，让生活变得轻松些。不过，有几点“时间管理”的原则需要家长注意。

其一，专时专用。很多家长都有一个不好的做法。他们一边逗孩子玩一边给孩子喂奶，就是想让孩子能够尽快喝完。殊不知，很多孩子就是因为有了这种经历，导致三四岁的时候不好好吃饭，把吃饭当成了任务，必须让家长连哄带骗才肯吃饭。其实，饥饿本身就是最好的内部驱动力（本能），不需要外界的多余刺激介入。也正因为此，我们要严格控制孩子的吃饭时间，让他们形成进食规律。用一句话说，做游戏的时候就不吃饭，吃饭的时候也不要摆弄玩具。分心是成功路上的拦路虎，所以我们要从小培养孩子专注做每一件事情的习惯。

其二，勤于发现。莎士比亚说过，世界上没有一片叶子是一样的。同样，世界上没有一个孩子是一样的。每个孩子都有自己的个性，比如有的喜欢某件玩具，有的喜欢在某棵树下纳凉。我们听不懂“婴语”，所以更需要擦亮我们的双眸，看看孩子在不同体验下的兴奋状态。再比如，每一个儿童喜爱或接纳的“哄睡方式”是不一样的：有的喜欢听歌，有的喜欢摇摆，这需要家长自己去摸索。

其三，坚持不懈。说到这一点，其实难在家长，而不是孩子，坚持对于成年人实属不易，对孩子来说却不一样。孩子希望按规律做事情，希望能够找到比较固定的模式，这种熟悉感会让他们感到欣慰。所以作息规律化更多地需要我们家长做些“牺牲”。

其四，科学合理。这点很容易解释，我们的安排要符合科学规律，不能主观臆断。比如，下午两点的时候太阳最毒，就不适合孩子晒太阳；吃完饭之后不要马上洗澡；饭前饭后不要喝水，两餐之间可以适当补充水分。这些大人所知的生活常识同样适合我们的孩子。如果是混合喂养，可以先喝奶粉冲泡的牛奶，再喝母乳，因为母乳真的比牛奶好喝多了。

其五，安全可靠。曾经有一个案例，一个妈妈与孩子一起睡觉，翻身的时候把孩子压在了下面，导致孩子发生了窒息。家长在时间管理的同时一定要坚持安全可靠的原则，要知道孩子是缺乏安全意识的。如在室外晒太阳的时候要注意来往车辆，确保孩子安全；孩子睡觉的时候，手机最好调成静音，以免让他们从睡梦中惊醒。

其六，灵活调整。孩子的睡眠时长可能会有变化，但不会变化太大，不过，“睡到自然醒”是我们必须捍卫的！当然，在孩子睡着的时候，我们也可以统筹利用时间，比如在这段时间看看育儿书、杂志或者洗衣服等。

有很多家长认为将知识的灌输与储备的多少作为早教成功与否的衡量标准，这是荒谬的，是教育节奏的错误。孩子 0—3 岁的时候，我们应该把更多的着眼点放在孩子行为能力与行为习惯的塑造方面。在学校的时候，有一些孩子不会抓紧时间，学习效率低下，我们总认为是因为学习兴趣不足，其实还有更主要的原因——他们没有在幼年时期接受过时间管理的教育。一个从小接受严格作息训练的人，往往可以在学生时代成为成绩优异的人，到工作的时候，就能最大程度施展自己的才能，体现自己更大的价值。

其实，我一直这样想，我们总是在该“狠”的时候不“狠”，在该“柔”的时候不“柔”，才造成了孩子的困惑与我们的困惑。

什么样的父母具备育儿潜质

“我希望我的孩子学舞蹈！”妈妈说。

“你看她的手指多长，她应该学钢琴！”爸爸说。

“我觉得让孩子学跳水，得个奥运冠军！”爷爷说。

“她应该从小和我学炒股，成为理财专家！”奶奶说。

围着刚刚出生不到两个月的千慧，家人们笑呵呵地谈论着梦想与期许。开始大家只是蜻蜓点水地发表意见，后来就开始引经据典，从各抒己见到各执己见，每个人都打着关心千慧成长的名义，为千慧制订着一个个“成功”计划。千慧这个时候，左瞅瞅，右瞅瞅，时而轻轻翘起嘴角，时而用力挑挑眉梢，她听不懂大家的讨论，但是她从来都对热闹表示欢迎，她在耐心地等待着大人们争论的结果……

当然没结果！家人们的心情千慧不能理解，但是千慧的心情可能也没有被家人们理解。家人们谈得更多的不是孩子的梦想，而是自己的梦想。但谁又知道千慧在想什么呢？她也许想成为意见领袖，也许想做个普通人，也许什么也不愿意去想……

我有时候会想，亲子教育就是对孩子梦想的干预。干预得好，梦会实现；干预不好，梦会破灭。这是多么有意义的一项事业啊！今天，我不想谈如何干预的问题，而是想谈谈什么样的家长更容易帮助孩子实现梦想。有钱的？有名的？有权的？有势的？这些若有，当然最好，可以成为孩子成长路上有利的资源。但大多数的家庭不具备这些资源，而我们仍然可以让孩子接近他的梦想，这靠的是亲子教育，靠的是我们父母，靠的是一种生活品质——兴趣广泛。

兴趣广泛的人会有一些类似的特点，比如热情、友善、善于沟通、适应力强、情绪稳定、反应快、好奇心强等，他们往往是公司、单位的“红人”，有他们的地方就有幽默和欢声笑语。在大量的家庭教育案例中，我发现兴趣广泛的家长，往往可以培养出优秀的孩子。原因有以下几点：

其一，好奇心的培养。兴趣广泛的家长好奇心也很强，他们会对很多跨领域的事物感兴趣，在言谈举止之间，给孩子提供了获取前沿信息与体验新鲜事物的可能。最好的教育一定出自热爱教育的人。

其二，包容心的培养。兴趣广泛的家长由于对较为广泛的领域采取包容的态度，对各类事物进行接纳的同时，也会在待人方面有很好的表现。受到家长的影响，孩子也会效仿家长，用独特且欣赏的眼光看待这个世界和他人。

其三，良好情绪的培养。兴趣广泛的家长往往具备非常好的心性，这是因为在受到挫折与困难时，他们会用积极而有效的方式转移注意力，有的人会唱唱歌，有的人会弹弹琴，有的人会跟人聊聊天，有的人会旅旅游……看似简单，实际上这是咨询心理学上非常关注的“事件应对与行为处理方式”。很多的心理疾病患者正是因为不具备良好的行为处理方式，而导致了困惑与无助。换句话说，兴趣便是心理自助的最佳手段。

其四，扩大儿童的视野。世俗观念中，家长如果有“业”，就希望孩子“子承父业”；家长如果未“果”，则希望孩子代替他“结出硕果”。这是一种扭曲的望子成龙观，所以我也写过《孩子毕竟不是你》这样一篇文章，来抨击这种现象。兴趣广泛的家长往往具备比较开阔的视野：他是音乐家，也欢迎孩子乐于绘画；他是公务员，也不怕孩子对医学感兴趣。当然，一切都要基于对孩子现有的条件与潜能的了解与开发上。

其五，更易发现孩子的潜能。我们不得不承认，家庭氛围对于孩子的影响是深远的。作家韩寒的父亲是一位优秀的编辑，篮球运动员姚明的父母同样都是国家篮球队运动员……可以说他们在家庭教育中受到了良好的熏陶，父母的经验优势显而易见。在很长一段时间内，我一直认为父母作为儿童最大的教育资源，应该将“祖传”的教育优势传递下去，其实就是“子承父业”。当我看了一些国外比较新的教育书籍与案例，又转而看看我自己，我发现“子承父业”仍旧是一种比较低级的教育观念。我的父亲是书法家协会的一位会员，他并没有要求我练习书法，直到现在我写的字也很差劲。同时他发现我对于写作很感兴趣，就把精力放在了培养我的写作上，鼓励我写日记、写感想，这对于我日后的发展帮助很大。我还是想讲《愚公移山》的故事。愚公精神可畏，但却是教育方面的“坏”家长，他自己制定了移山的目标，却未顾及子孙们的感受，他的子孙中很多有可能成为各行各业的精英，却因他而没能翻过山去，走向外面的世界。

其六，良好的性格与人际交往能力的建立。良好的性格，来自良好的人际交往能力，良好的人际交往能力来源于良好的亲子关系，良好的亲子关系来源于良好的亲子沟通，良好的亲子沟通来源于良好的亲子沟通话题，良好的亲子沟通话题来源于亲子间的共同兴趣……如果说，性格决定命运，那么我们完全可以肯定，兴趣广泛的父母可以让孩子获得幸福，他交给了孩子适应环境与发展自身的钥匙。

从现在开始，成为一个兴趣广泛的妈妈，相信孩子受到你的影响，命运将就此改写……

佛系育儿歌

不报早教班，我陪娃撒欢。家人齐劳动，分工说不清。
学舞不登台，学画不考级。在家不辅导，报班听需要。
进步不奖励，退步不着急。朋友不分类，欢迎常聚会。
没事不惹事，有事不怕事。亲近大自然，天天笑开颜。

【解歌】

1.**不报早教班，我陪娃撒欢。** 只有父母参与的早教，才是真早教。在女儿0—4岁期间，我没有给她报一堂早教课，我不是不相信早教老师，我是更相信孩子的妈妈。我也从没让女儿在App上听故事，因为我的声音更亲切。我不怕孩子输在起跑线上，因为我就输在了起跑线上。我关注的既不是起跑线，也不是终点线，而是享受跑步的过程。如果这是鸡汤，那么我就是第一个喝鸡汤的人。我在没有辞去工作的前提下，为女儿发明了150种亲子游戏，还与孩子共读了400本绘本。别问我的孩子识得多少字，背得多少首诗，作为佛系爸爸，我真不在乎。这里有一个佛词，叫作亲情。

2.**家人齐劳动，分工说不清。**我曾分享过：“家务有分工，父母都轻松。”可是我错了，家务如果分清了，那家庭和工作单位有什么区别呢？我把曾经自认为高级的家庭分工明细表撕得粉碎，追着妻子一起做家务。在这个时候，你总能听到妻子满怀深情地说：“行了！走开吧！还是我一个人弄吧！”添麻烦的我没有离开，另一个添麻烦的人也加入了进来。家务劳动是成本最低、效果最好的亲子互动。地扫得干不干净，桌子擦得亮不亮，作为佛系人士，我真不在乎。这里有一个佛词，叫作合作。

3.**学舞不登台，学画不考级。**因为兴趣，我的女儿有了自己的选择——舞蹈与画画。要知道，我可是钢琴手加吉他手啊！我不强求她非要和我有共同的爱好，虽曾经有一丝失落，但最终还是给女儿报了她最喜欢的课程。不要说舞蹈家，还是画家，我不要求她登台，也不要求她考级。舞跳得多么优雅，画画得多么传神，我真不在乎。这里有一个佛词，叫作尊重。

4.**在家不辅导，报班听需要。**可能有件事情，我会对不起学校的老师。我不会给孩子辅导功课，更不会帮她完成作业。以我的工作经验看，我现在做小学数学题已经捉襟见肘了。我不是她的拐杖，我也做不了她的拐杖。学习是自己的事情，我无法代替。我不会主动给她报班，但也不会拒绝她让我给她报的任何补习班。孩子学有成效，还是未见起色，作为佛系爸爸，我真不在乎。这里有一个佛词，叫作独立。

5.**进步不奖励，退步不着急。**一次考试，不能说明成败，但一次考试后的心态却能看出成败。考好了，成绩已经是奖励，不再需要褒扬；考不好，心里已然内疚，不应变本加厉。考试决定不了命运，心态却能决定命运。孩子考试失误，分数不理想，作为佛系爸爸，我真不在乎。这里有一个佛词，叫作信任。

6.**朋友不分类，欢迎常聚会。**近朱者赤，近墨者黑。这句话放在美术界尚可，但放在社会中却极为危险。如果孩子只和学习好、纪律好、脾气好、长得好的孩子成为好朋友，那么她会变得无比封闭。也许还会影响到她谈恋爱、找工作、养孩子……要让孩子学会去适应朋友，而不是让朋友适应她。她愿意在家看书，还是愿意在外面跟朋友聚会，作为佛系爸爸，我真不在乎。这里有一个佛词，叫作包容。

7.**没事不惹事，有事不怕事。**不强迫自己，不强迫他人；不伤害自己，不伤害他人；不牺牲自己，不牺牲他人。我活在自己的世界中，也活在他人的世界中——在自己的世界中，我是一个快乐的行者；在他人的世界中，我也是一个快乐的行者。人生总会遇到很多困难，然而，没有什么可怕的，哪怕它是件大事，“事情总会过去的”！孩子遇到困难，还是没遇到困难，作为佛系爸爸，我真不在乎。这里有一个佛词，叫作淡定。

8.**亲近大自然，天天笑开颜。**在世界上，还有太多的东西等着我们去亲近，去体验，去感受。作为一个孩子，也许最需要的不是教育，而是亲近自然。因为自然可以让孩子抛下一切成人定义的贵重，从而洞察生命的美好。笑，是我们给这个世界最好的回应，不管生活如何，一笑了之。孩子爱竞争，还是不爱竞争，作为佛系爸爸，我真不在乎。这里有一个佛词，叫作热爱。

亲情、合作、尊重、独立、信任、包容、淡定、热爱这八点，并非出自佛祖，乃是在这竞争社会中，独善其身之法宝。

佛系育儿，并不是不育儿，而是以一种不焦虑的心态育儿，让孩子真正了解自己，倾听内心的呼声，自己感悟的幸福胜过别人厘定的成功。

孩子缺乏安全意识怎么办?

育儿中什么问题最重要? 安全问题。 这是一个科学的回答。 的确，安全意识的建立对于一个人的生存与发展意义重大，也是妈妈们最为关心的话题，每个妈妈都为孩子的安全、健康而担忧，处处小心。 但我们也看到，生活中仍然有很多马虎大意的父母，对安全意识浑然不觉，更不用说孩子安全意识差了。

近些年，因为缺乏安全意识或安全意识不足而出现的各种幼儿死亡事件屡屡出现在公众视野中，更进一步加剧了年轻妈妈们的焦虑。 因此，儿童在 0—6 岁阶段，有意识地培养他们的安全意识非常重要，尽早给孩子灌输安全教育，并且在日常生活中做到安全出行、安全喂养、安全交往，父母与孩子同样需要努力学习。

1.**远离危险物或危险环境。** 乱摸乱闯的孩子让妈妈很担心，一不留神，就会惹出点麻烦。 最直接的保护方式莫过于让孩子远离危险物或危险环境，这可能是杜绝危险事件发生最有效的方法。在家中，把一切可能给他造成巨大伤害的物体，如刀子、剪子、针、药片等，放到孩子够不到的地方；外出游玩，不要选择海边、高山或人多的地方，这样做完全是出于对好动宝宝的安全考虑。

2.**安全措施与安全讲解并行。**由于了解孩子“不管不顾”这个特点，家长很容易变得碎嘴唠叨，但千叮咛万嘱咐似乎并不能引起孩子的重视，反而会让他们很反感。正确的做法是，我们一边采取安全措施，一边对他们进行讲解。这样做既加深了记忆，也培养了孩子理性思考的一面。如家具突出的棱角用海绵包好，目的是防止撞伤等。这样，孩子会觉得这件事情真的很重要，连爸爸妈妈都很重视。

3.**人际交往中的安全意识。**怕孩子被人骗？怕孩子被人欺负？怕孩子被人拐走？有很多家长为了预防这些事件发生，选择把孩子“包裹”起来。这样做的后果是孩子更加缺乏自我保护能力，未来很难适应社会。对于人际安全，最有效的方法便是在0—6岁期间让他多与不同年龄、不同性别、不同性格、不同习惯的人进行交往，孩子见到的人事越多，越能理解人事，也就更加安全。切记：不能让孩子只接触“好孩子”，同时也要让孩子学会识别生活中的别有用心之人。

4.**引导孩子多询问、多学习、多反思。** 获得安全意识的一种重要途径便是向有经验的人询问与学习。引导孩子向不同的人求解或求助，不要小看这种能力。很多时候，问对了人，便做对了事，这同时也是一种生存能力。当孩子可以向警察叔叔问路，跟着其他小朋友的爸爸妈妈过马路，也就代表他初步具备安全意识了。

如何培养孩子的创造力？

民族要进步，家庭要致富，个人要发展，离不开民族的创造力、家庭的创造力、个人的创造力。我们平常说的创新意识、新意、灵感、发明、杰作等都是创造力的范畴。没有创造力，就没有发展；没有创造力，就没有幸福。就拿苹果手机来说，它是乔布斯的创造力的体现，也是苹果团队的价值与结晶，它让乔布斯名扬中外，让苹果团队的人致富，让全世界手机用户得到惊喜体验……小的创造力，获得小的发展；大的创造力，拥有大的成功。无论是国家、社会，还是企业、家庭，这个世界处处都需要有创造力的人。创造力强的人能获得更多的尊重、价值感与社会资源。

什么是创造力？我们看一下百度百科的解释：创造力，是人类特有的一种综合性本领。一个人是否具有创造力，是“一流”人才和“三流”人才的分水岭。它是知识、智力、能力及优良的个性品质等复杂多因素综合优化构成的。创造力是指产生新思想、发现和创造新事物的能力。它是成功完成某种创造性活动所必需的心理品质。

其实说得简单些，创造力就是人的综合能力。换句话说，创造力才是真正的能力。在《孩子独立“靠”父母》中，我提到过“能力在于运用，情感在于表达”。只有运用了某项能力，或者说参与了实践，才能证明拥有这项能力。从这个角度讲，创造了才能证明具有创造力。就像米尔曾经说过：“世界上所有美好的事物都是创造力的果实。”中国也有句俗话叫“教的曲唱不得”。你会疑惑身边有很多创造力很强的人，为什么他能想到这个方案？为什么他可以完成这个策划案？就算你一味地询问与模仿，还是不能把创造力学来。因为创造力是人的恒定的个性心理特征，它是长期习得、培养与内化的结果。我非常否认“成功可以复制”这一言论，人与人之间的成长环境、教育背景、社会关系全不一样，单纯地去模仿简单的行为或生活方式，就可以获得同样的成功吗？创造力是个人历史的产物。每个人拥有不同的历史，也就拥有了不同的创造力。究其源头，在于儿童时期，尤其是亲子教育时期。

儿童本是天才，是冒险家，是发明家。他们有着无限想象力空间与无限创造力，但是有一部分是合乎社会规律、合乎逻辑性、合乎个人发展特点的，另一部分是无拘无束的、异想天开的、过于偏执的，关键在于我们是否全面而正确地了解孩子，合理又合情地给他一个平台——供创造力扎根发芽的土壤。

创造力不是学来的，也不是教来的。它天生是一种表达。儿童和大人的创造力都是各种身体器官的表达，包括歌曲创作及演唱、绘画、发明制作、舞蹈、运动……各种人有各种创造的潜质与发挥，但归根结底是人的表达。你的表达出于你的梦想、愿望或想象。没有梦想、愿望或想象力的人，就没有创造力。而有意思的是，人的梦想、愿望与想象力也不是现实中说有就有的，还是源自儿童时期，尤其是亲子教育时期。

无论从能力的层面，还是表达的层面，创造力的培养要回到儿童时期，家长才是儿童创造力课的老师。我在学校当老师的时候，跟学生家长交流过能力与性格的产生过程，性格的养成我们先不去谈，能力的形成是源自个体行为的。个体行为恰恰是在亲子教育时期进行培养的，建立好了这种意识，我们来看看和创造力最相关的几种基本训练——看、听、想、问、做、说。也许你会惊讶，创造力这么高端的词语怎么会和这么简单的动作有关系呢？其实，量变是质变的基础，基础功课做好了，能够组合起来，创造力的产生便水到渠成。这也就是我一开始提到的概念——创造力就是综合能力。在接下来的时间里，你会发现这些简单的动作（或说是能力），是与创造力如此息息相关，它们的确是创造力的源头。

1.**多看。**视觉本是感统能力（视觉、听觉、本体觉、触觉、运动觉）中的第一位，可以说是人最基本的能力。察其言，观其色。这句话说的就是要多看。在我们获取外界信息的过程中，眼睛承担了一半以上的任务。在不同阶段，看的内容有所区别：

孩子0—3岁，看是为了训练视觉，为将来获取信息打造良好的基础。我们可以使用黑白棋布、太极球进行训练，也可以通过观察标准的鲜艳的颜色，进行视觉锻炼。一般来说，孩子会对红色最先适应，因为红色波长，容易被眼睛捕获（紫色400～423 nm，蓝色424～490 nm，绿色491～574 nm，黄色575～584 nm，橘黄色585～646 nm，红色647～700 nm）。我们可以根据颜色波长由长到短，让孩子逐渐接触各种颜色。此时的训练为日后的观察力提供了保障。

3—6岁阶段，儿童已经具备了基本的视觉能力，我们可以展开深入的亲子教育。亲子教育包括很多种，如亲子阅读、亲子沟通、亲子运动等，这里则是指亲子阅读。亲子阅读的好处：第一，提供良好的话题，建立良好的亲子关系；第二，训练儿童情商，提供人际交往技巧；第三，养成独立意识，提供适应环境的方法；第四，获取信息，激发想象力，提供创造力源泉。第四点是阅读对于创造力的贡献。无论是儿童，还是成人，我们获得直接经验的时间与精力都有限，而读书却是获得经验与方法的捷径。无论从事何种行业，读书都是让你告别门外汉的有效方法。除了亲子阅读，还有亲子游览。其实，游览或参观何尝不是一种好的学习方式呢？有一个词叫作“见多识广”，还有一句话说，“读万卷书，行万里路”。可见一个人看得多了，创造力地基就会打得越深，创造力大楼就会盖得越高。多带孩子见识大好河山或大场面，一定会让他受益终生。另外，对生活中的小细节的观察也是对孩子很好的训练。灯管为什么会一闪一闪的？腐朽的木头上为什么会长出蘑菇？天上的星星为什么有的大有的小？如果你对这些感兴趣，一定会驻足观看，同时也会影响到你的孩子。

2.**多听。**听，谁不会？其实不然，一般人都“不会听”。在如此浮躁的社会里，大家更容易去说，说自己想说的，不管他人爱不爱听。“倾听”是一种心理咨询技巧，现在更多人把它视为一种美德了。听与看一样，是获取信息的源泉。不同的是，听比看要高级些。为什么这么说？看是主观的表现，听却是客观的表现。善于听的人，是求学的人，更容易让他人产生好感。听可以获得较为直接的经验，并且是被总结的经验，这是宝贵的。

胎教的时候，医生总是让父母和肚子里的宝宝对话。当然也有一些学者认为意义不大。我的想法是，这种方式对宝宝还是有所帮助的，这个帮助不是获取信息，而是受到一些初期的听觉训练。需要注意的是，胎儿需要接触不同的声音，母亲的、父亲的，规律的、不规律的，大声的、小声的……这是很好的训练。

0—3 岁，听觉训练也是感统训练中的重要一项。除了一些有先天听力障碍的孩子，在和父母简单的游戏中，大多数宝宝的听力都可以得到很好的锻炼，为日后获取信息奠定基础。

3—6 岁，听显得格外重要，就像我们经常说的，“会听的孩子，才会说”。在亲子教育中，我们逐渐教会孩子们“听”这项基本的生存技能，主要的方式是亲子沟通。听与说共同构筑成沟通，就像有本书叫作《如何说孩子才会听，怎么听孩子才肯说》。确实是这样，父母说的有时候很大程度决定孩子听的水平。那孩子该听些什么呢？

其一，发现共同的话题。发现孩子感兴趣的话题，并和孩子深入探讨。

其二，鼓励参与陌生的话题。主动欢迎孩子来听一些陌生的话题，而不是轰走他。孩子天生的好奇心会让他们更爱通过听关注更多领域。当然，这也包括多带孩子去拜访朋友。

其三，讲故事或典故。饶有兴趣地在孩子的周围讲故事或典故，孩子慢慢就会耳濡目染，形成习惯。

其四，听音乐与各种声音。学习是一种体验的过程，体验得越多，素材就越多，为创造力的产生增砖添瓦。古典、流行、中国民族、西方……各种风格都可以让孩子去接触。要知道，人是记忆的动物，幼年时期的声音会储存在神经细胞的深处，若成年后再一次听到便会产生“似曾相识”的喜悦感。

3.**多想。**“学而不思则罔，思而不学则殆。”孔子的这句话一针见血地指出思考是学习的助力。古代有很多人认为学习是件苦差事，比如“吃得苦中苦，方为人上人”。这是对学习的错误认识，对后世的影响并不好。孔子的话应该从积极的一面去想。叔本华曾经说过，“从事与精神、文化相关职业的人更容易获得快乐”。认知心理学取代行为主义的统治地位，也就在于他们认为人在获得信息之后，要经历转录、加工、存储、转出的过程。“转录”“存储”与“加工”是脑生理结构决定的，而“加工”恰恰就是我们所说的“思”这个环节。思考，可以让我们获得学习乐趣，促进学习行为的养成；可以让我们学有所备，为今后学以致用做好充分准备；可以让我们发现自己的缺失，就像胡适先生说的“读了书便可以多读书”；还可以促进想象的产生。

想象力是创造力之母。没有丰富的想象力就不可能拥有傲人的创造力。之前，我写过一篇文章《用愿景点亮亲子教育》，讲的是我们的教育应该具有想象力，应培养孩子建立自己的美好愿景，让愿景成为孩子学习的内在动力。如果说创造力是盖好的一栋楼的话，想象力则是钢筋结构。一旦拥有了良好的想象力，创造力的发挥就有了方向。对孩子想象力的培养，家长需要注意以下几点：

其一，带孩子去体验各种活动，不必带有较强的功利性。比如画一次沙画，玩一次滑冰，参观一次画展。有些家长容易把功利的想法掺杂在教育当中，这是急于求成的表现。想象力的形成很多时候是多次体验相结合的成果。

其二，分享感受。家长可以适当做一些引导，这里的引导不是带有目的性的，而是知识牵引性的。带孩子去动物园时，当孩子看到了黑猩猩，你可以提问：“宝贝，你看这和刚才我们看到的哪种动物比较像啊？”“它们有什么共同的特点吗？”“你比较喜欢哪一种动物呢？”针对一个话题，要问得深入而生动，激发孩子深入而生动的思考。当儿童在思考问题具有一定的“黏性”时，想象力自然会轻松地迸发出来：“妈妈！我觉得猴子和黑猩猩是一家人！”

其三，鼓励思考。我在之前的文章中，也经常提到“精神奖励”的问题。很多年前，我们采用物质奖励，之后专家否定了这种做法；又过了一段时间，专家认为应该提倡“精神奖励”，认为这样对儿童有更多的好处……在我看来精神奖励与物质奖励在本质上是一样的，奖励过多同样会出现依赖性。我提出过“学习不需要精神奖励”，很多人表示怀疑。学习本是应该做的事情，为什么要奖励呢？该奖励的是孩子的努力，而不是学习本身。除了努力之外，值得奖励的是美好的品行和积极的思考——因为这对儿童而言，是难能可贵的。

其四，支持表达。多想可能会带来烦恼，唯一的出路便是表达。很多家长鼓励孩子思考，却止于此。殊不知“想”是创造力的分水岭，但并不代表已经具备了创造力，我们会在后面的“多做”中具体来讲。

4.**多问。**多看、多听是获取基本感知信息的环节，而看一个儿童的智力发育是否达到较高的水平，或者说思维是否达到较为理性的层面，还要看他“问”的水平。创造力的发挥需要一个有明确目标的计划，“问”让儿童离“成功”又进了一步。在“想”的基础上，“问”变得更加具有个性化、具体化与指向性。如何引导孩子提问呢？

其一，鼓励孩子在各种场合、各种地点发问。这让我想起了孙中山小时候读书的故事，老师只是要求孩子们背书，却根本不给孩子们讲其中的道理。所有的孩子“看了”“听了”，也“背了”，不能说没有得到一点收获，然而这种教育只会培养出庸才，而培养不出人才，因为他们拥有模仿力，而没有创造力。孙中山在不怕老师责罚的情况下，问了老师关于书中的许多问题，这可以看出孙中山是一个多看、多听、多想的人，而且是一个勇敢的人。后来孙中山这句话也成了一句名言：“学问学问，不懂就要问。为了弄清楚道理，就是挨打也值得。”

其二，对于提问的训练。记者这个职业，靠的就是“问”这项基本功。即如何以最轻松、最简洁、最生动的语言问出对方最真实、最充足的信息。我们应该在早教时期时，对儿童进行“问”的训练，包括面带微笑、表现亲和，提问要开放式，积极关注对方等内容。

其三，为儿童增加提问的机会。在得知孩子对某方面感兴趣之后，要为孩子引荐这方面成功人士或有经验的人士。

人们总会对信服的对象有更多的访问欲望，儿童也是如此。

5.**多做。** 创造力的归宿依然是“做”。多看、多听、多想、多问是层层递进的关系，但很多也是交替而反复进行的。创造力最终需要体现在多做上，这一点无可厚非。如果说之前的内容是在处理理论上的问题，多做才是开始实践的环节。很多儿童，甚至我们家长，有一种“成功怪圈”的观念。大家总是认为做一件事情必须把“成功”设定为目标，或者说一个计划只有成功完成了才算胜利。这是不太合理的，因为同时参与同一件事情的对手可能会很强大，我们也会遇到或多或少的干扰因素，我们可以把“接近成功”设为目标，这样一来，功利心会降低一些，我们也可以在努力的过程中进行调整。比如孩子学习钢琴，不必给他设定今年必须考过 2 级，但要朝着 2 级去努力，我们的重心要放在孩子对于音乐的理解与欣赏上；孩子学习绘画，不必要求他的画在哪里展出，我们的重心需要放在儿童对于绘画的兴趣与尝试上。做是为了今后做得更好，我们要有意识提前做，要有意识多做，更要有耐心等待迟来的成果。这种心态对于儿童的创造力培养是非常关键的。对此，有以下几点“做法”供家长参考：

其一，记录。很感谢我的初中语文老师，她当时要求我们写“随笔”，而不是写“日记”。随笔可长可短，贵在随时随心。将自己看到的、听到的、想到的、问到的，及时记录下来，在大脑中形成深刻印象，付诸笔端留下“一手资料”，为日后创造力的发挥奠定了良好的基础。

其二，亲子互动。之前我们提到了亲子沟通、亲子游览，这里的互动主要指一些有目的的活动。与孩子一起做拼图游戏、搭积木，与孩子一起绘画等，用我们的激情调动孩子的激情，用我们的执着促进孩子的执着。其实，对每一种“做”的尝试，都是为了孩子创造力灵感的积累。我们可以在与孩子的各种活动中，发现孩子的优势与特长。

其三，鼓励孩子独立的“创造”。我非常感谢我的母亲，在我小的时候，她总是允许我在很新的本子上乱写乱画。其实，这些涂鸦是孩子创造力的雏形。乱写乱画中，他们在摸索自己的艺术表达形式。心理学上非常看重儿童的绘画表达，认为绘画是最接近内心世界、最体现心理渴望或困惑的表现形式。除了绘画，孩子也可能会哼哼歌曲、做个小发明，甚至用石子摆出简单的造型——这些做法都是创造力的体现。

其四，指导。当你发现儿童有某些创造力表现时，一定需加以格外的关注。一方面要表示欣赏，另一方面需要找一些有经验的人进行指导，看看孩子有没有这方面的潜质，是否可以继续“深造”。

6.**多说。** 鼓励孩子说出自己的创意与想法，这是希望孩子在表达的过程中，可以理清自己的“创造思路”，并且可以得到更多人的建议与意见，更好地发挥个人的创造力。此外，对于创造力的展示亦是对儿童创造力的鼓励，鼓励他们进一步增强自身实力，创造更新更好的作品。以下是一些可尝试的经验：

其一，家庭会议。可以不定期开展一些有趣的家庭作品分享会、家庭读书茶话会，让孩子当着家人的面表达自己的创作想法，分享自己的创造成果。当然，有些作品可能是亲子共同完成的，那样就可以一起分享，增进亲子沟通。

其二，让媒体“说话”。之前我写过一篇关于新媒体教育的文章，受到了很多家长、老师的好评。新媒体应该成为教育的补充资源，家长、教师应该有意识地将孩子的作品推荐到媒体上，这对于孩子自身的发展，还有社会良好氛围的建立，都有积极的作用。

多看、多听、多想、多问、多做、多说，就可以做到会看、会听、会想、会问、会做、会说。在教育的过程中，我们要注意整体性，即这些基本训练项目并不是割裂而独立存在的，它们是一个有机的整体，内在有着密切的联系。将之整合在一起，就是“创造力”。站在培养创造力的高度，我们可以更好地教育孩子。

给孩子更多的机会，他们才可以比原来更强大；给孩子更多的空间，他们才可以比原来更爱思考；给孩子更多的平台，他们才可以展示更多的创造力。

育儿六大误区

我曾经总结过育儿的六大误区，即“哭必哄、摔必扶、嚷必阻、玩必陪、给必拒、学必果”，非常受妈妈们的喜爱和认可。如果上述的六个错误做法，你占了三样，尚且可以自救；如果“六毒俱全”，请认真看下这篇文章加以改进。

1.**哭必哄。** 什么是哭必哄呢？ 就是孩子一哭，马上就上去哄，生怕孩子受委屈。有的家庭比较极端，孩子一哭一家人组团跑过去哄孩子。事实上，1 岁以前的小孩会因为饿了、渴了、尿了等生理因素而哭泣，这些生理需要家长要及时给予满足，这样才会给孩子带来更好的安全感。但 1 岁之后，孩子的哭泣则带有心理学意义。当你哄孩子之后，孩子开始意识到哭泣与陪伴之间的关联性，也就是我们常说的条件反射。哭泣会成为一种吸引大人的策略，被孩子充分掌握。

建议：允许孩子通过哭泣来表达情绪，但不要过度关注或过度反应。

2.**摔必扶。** 一次午休时，我和同事在大学校园里散步。我们正在聊亲子互动的话题，眼前的一个1岁出头的小男孩扑通摔在了地上。小男孩的妈妈站在他的面前，并没有马上去扶他，而是一个劲儿鼓励孩子，“宝宝！起来！宝宝！起来！”小男孩似乎不太给面子，看了看她，看了看我们，就是不起来。这个时候，妈妈不太高兴了，准备一把把孩子“薅”起来。我温柔地拦住了她，拿起了手中午饭没有吃的苹果，对孩子说：“来！自己要是能够站起来，刘叔叔会奖励你一个苹果！”孩子看了看我，双手一推地，两膝齐用力，站了起来。很多家长总是害怕孩子受委屈，一摔倒马上就去扶，这是个很大的问题。扶得越快，摔得越快；扶得越多，摔得越多。

建议：如果不是发生了外伤，都不要立即去扶孩子，而要稍微给他们一点思索与顿悟的时间，也可以利用玩具、食物等激励他们自己站起来。

3.**嚷必阻。** 我经常在讲座中向家长提问：你的孩子在家里面嚷嚷吗？喊叫吗？家长几乎十之八九会举手，并且几乎百分之百选择去阻止孩子这么做。那你知道孩子为什么会喊叫吗？其实，孩子的成长过程，是一个受教化的过程，而教化是能给人压力与紧张的。都有谁可以教育孩子呢？爸爸、妈妈、爷爷、奶奶、隔壁阿姨、传达室大爷、路人……实际上，孩子处于全天候受教育状态，那么他的情绪宣泄是显得那么的正常与自然。你的阻止，会限制孩子的情绪表达，严重的话甚至会造成他的心理问题。

建议：最好的方式，是在亲子游戏中让孩子学会合理发泄与控制情绪。我为女儿发明了150种亲子游戏，如果有需要，可以在“喜马拉雅”平台上搜索“刘小赫亲子教育”，里面有101个精选的亲子游戏，帮助家长实现高质量陪伴。

4.**玩必陪。**有一个经典案例，一个妈妈偷偷地观察房间里的女儿，结果发现她正在一个人乖乖地玩积木。妈妈感到非常欣慰，走进了屋子，说道：“宝宝，你真乖，来，妈妈陪你一起玩！”一边说着，一边用手去碰触孩子搭的积木。结果，女儿大发雷霆，把眼前的积木都推翻了。妈妈也非常生气，冲她怒吼：“你这是干什么！我好心好意陪你！”事实上，孩子发火是有原因的。当孩子开始独立学习或玩耍时，他正在积极建立一种封闭的自学系统，这时的他正在体验着有力的控制感。当家长突然加入，孩子的控制感被破坏，会造成剧烈的情绪阻抗，也就发生了刚才的那一幕。而控制感恰恰是成就感的前奏，可以说家长做了一件大错特错的事情。事实上，我们的教育目的恰恰就是让孩子能够独立游戏、独立学习、独立生活。陪伴也分时机，过度陪伴也会出现一些问题。

建议：孩子在独立阅读、游戏、学习时，家长不要再过多打扰与干涉。

5.**给必拒。**“妈妈，您看我画的画好看吗？”“好看好看，妈妈正做饭呢！”“爸爸，吃块饼干吧？”“不吃，你吃吧，好吃的都给你，爸爸还在工作。”当我们第一次拒绝孩子的时候，孩子不会有太多的心理反应，第二次拒绝之后，可能会产生强烈的受挫感，而在第三次拒绝之后，孩子就不再愿意向你分享、与你交流了。这还不是最可怕的，最可怕的是孩子的人际交往也会受到影响，造成人际退缩。

建议：当孩子给我们展示他的作品时，我们一定要真诚地看着他，听他的分享。当孩子给我们吃东西的时候，一定要双手接过，同时表示感谢。

6.**学必果。**学一样才艺，一定要考级；学一样才艺，一定要登台。这是现在家长们普遍存在的教育误区。早期教育中，最重要的是发现孩子的兴趣，保护孩子的兴趣，拓展孩子的兴趣。学习是一个自我提升的过程，而不是一个对外展示的过程。让孩子过度地呈现，最终会破坏孩子的学习兴趣，导致厌学与逃避。还有一个问题，就是你喜欢的未必是孩子喜欢的。我是大学校园的钢琴手和吉他手，我的女儿对这些一点都不感兴趣，她喜欢跳舞与画画，那我就尊重她的选择。而且我不会要求她考级或登台表演——除非，有一天她愿意。

建议：充分考虑孩子的学习兴趣与内心感受，你的尊重、信任与包容，最终会让孩子收获好的才艺与好的性格。

愿所有的妈妈能摆脱育儿焦虑，轻松走出育儿六大误区，培养出身体好、性格好、人缘好的“新三好学生”。

第二章

婚姻与育儿的拉锯战

——解决婚姻家庭焦虑

有了孩子之后，家庭的主要矛盾可能升级为教育孩子的矛盾，从而导致婚姻生活失去了活力、弹性和生命力。夫妻之间甚至可能因为要照顾孩子而难以良性地交流，一言不合就吵起来的情况并非耸人听闻。于是，爸爸们以工作来逃避问题，妈妈们则以照顾孩子来掩盖问题。这些掩盖会让妈妈们变得更加焦虑，从而感到孤立无援，因为每个人最不能忍受的是自己被别人忽视、蔑视。

重新把婚姻关系放在家庭关系的首位，把孩子“请出”你和伴侣的爱床或你们的身边；无论多忙也要给夫妻两人一些单独的时间和空间，如看场电影、吃顿大餐，甚至出去旅游等。给你和伴侣之间心灵沟通的时间和空间，或许婚姻里的问题也就迎刃而解了。

因为教育的分歧产生的家庭问题，同样也应该被重视。作为妈妈，虽然是教育孩子的主力军，但也要尊重丈夫的育儿理念和方式，重点是分享，而不是只要求对方按照自己的方式来育儿。要让丈夫积极参与到育儿中来，不要让爸爸的缺失加剧妈妈的焦虑。

本章将帮助妈妈们学会如何爱自己，如何守护自己的家庭生活，夫妻之间如何做好分工，科学处理各种家庭关系，让育儿变得更加轻松。

贡献子女，保障自己

我是一个非常不会理财的人，所以在给亲子讲财商培养方面的讲座时，总是显得捉襟见肘。幸好，我有很多在银行和保险公司工作的朋友，他们经常给我开一些小灶，让我在这方面多了一些顿悟的机会。有一个老朋友在保险公司工作，她与我同是社会学出身，同在知心姐姐工作部做过培训师。有趣的是，她选择了和我截然不同的道路。毕业之后，我选择做教师，她则去了一家保险公司。我的职业受到了尊重，她的工作受到了质疑；我整天面对着天真无邪的孩子们，她整天没日没夜地说服别人接受自己的保单；我因为无法让每一个孩子得到足够的关心而苦恼，她因为时常遭到误解和拒绝而烦心；我为了实现梦想离开了一线，她却为了愿望依旧拼命地耕耘着。事实上，她比我要高尚得多，因为她的愿望是拿卖保险的钱做慈善。所以在所有女性朋友当中，我是最敬重她的，只是直到今天我还是觉得她为了理想所采取的手段有些偏激。而她却淡然一笑地说:“这样做，我认为会更容易、更快地实现我的梦想。”

这位师妹为理想，而且是为伟大理想的做法总是给我一些精神上的动力。这让我想到：身在家庭之中，为家庭、为孩子付出的妈妈们，是不是要因为“伟大无私的母爱”这一社会期待而不计回报、不图收获呢？或者说，妈妈们一方面为了给孩子提供最好的教育绞尽脑汁，另一方面也会因为自己为孩子的付出占据了自己全部的生活而备感焦虑，这种焦虑可能是担心抚育孩子让自己的家庭、婚姻以及个人生活丧失了存在感、失去了价值。这个时候，不妨重拾“付出总有收获，贡献必有保障，只是或多或少”的信念。为孩子的付出其实是在坚持作为母亲的家庭责任，无疑也在维系着你的家庭、你的婚姻，也是为你的未来创造更好的保障。

有一股教育思潮由封建时代袭来，却经久不衰，叫“头悬梁，锥刺股”，“吃得苦中苦，方为人上人”。这两句话告诉了我们人生的目标以及获得目标的方法与技巧。有些词语诸如“付出”“下苦功”“拼命”“玩命”，听起来似乎有些悲凉的意味，那么不妨替换成“贡献”“成就”“梦想”“成长”，虽然依然做着魔鬼般的练习，但听到这些词仿佛也得到了肯定与奖励，并可以继续受“磨难”下去。

其实，贡献一定会换来保障！付出与贡献同出而异名，付出是从个人角度来说，贡献是就社会角度而言。这个思想，还是源于我在大学时候的思考。当时，我们有一门课叫“社会问题概论”，在课上，教师用自己平生所学、人生所悟，大肆地抨击着各种社会弊端，让我们这些象牙塔中的“小象牙”不知所措，感到前途一片灰暗。教师的教法实在值得商榷，但是她说的一句话令我印象很深，她说，功利主义思想是社会问题的起因。也许这不是她的原创，但我觉得这确实反映了当今一个特别显眼的社会现象。现在许多年轻人都用“非正常”的手段和方法博人眼球，想要在公众视野中“出圈”，其中可能就会有我们的孩子。孩子可能还不明事理，但有些家长竟然不顾孩子的成长与发展，想要靠孩子的所谓影响力谋取利益。

就是因为大家都看重功利，我在大学的时候提出了被大家嘲笑的“贡献主义”思想。付出是为了自己，贡献同样是为了生存。你对于社会的贡献，换来社会对你的保障；你对于子女的贡献，换来子女对你的保障；你对于自己的贡献，换来了未来自己的保障。

对于社会的贡献，其实就是指我们对于社会的付出。美国前总统肯尼迪曾在就职演讲上说：“不要问你的国家能为你做些什么，而要问你能为国家做些什么（Ask not what your country can do for you， ask what you can do for your country）。”

我们对于社会的贡献首先证明了我们的存在，体现了我们的价值感。 如果说呼吸是人的生命迹象，对于社会的贡献就是社会人的生命迹象。 从某种意义上讲，为社会做贡献、产生价值越早的人，就是成功人。 我之前教书的时候，经常让孩子参与社会实践，去捡垃圾，去发交通安全宣传单，这些不起眼的做法，恰是社会贡献的开始，即社会责任感的训练。我相信，如果一位家长带着孩子每天捡五分钟的垃圾，他的孩子或许会比别的孩子早成熟五年。 但是，也许没有人会这么做。 为什么要做贡献？ 因为可以换来保障。 成年人都理解，我们交付的社会保险就是最好的例子。 我们今天投保，退休之后就会老有所依；如果我们不投保，那么退休之后的基本生活将可能无所保障。 我们今天的贡献，不是为了今天的收获，而是为了后天的保障。 当你发现贡献和今天的收获画不上等号，千万不要气馁，因为它们之间本就没有必然联系。就像心理学上的黄金定律，要想别人对你好，你得首先对别人好。 反黄金定律是，你对别人好，别人就一定对你好。 如果我们大多数人的思想都是按照后者进行的，其结果必然是经常失望。 助人不要要求回报，因为你助人的经验已经是对你最好的回报。你付出的经历已经是对你的补偿，如果有其他的当然应该算是意外收获。今天的努力，若不能换来努力的结果，却可以为你之后的发展埋下最好的伏笔。

对于子女的贡献，是非常值得探讨的话题。众所周知，中国式教育与西方式教育大相径庭。中国是反哺式的，小时候我们养孩子，老了之后孩子养我们；外国人是接力式的，父母抚养孩子到 18 岁或不到 18 岁，之后父母和孩子各走各的阳关道，各自独立。之前，我极力推崇西方式教育，我觉得这是人类的文明表现。现在，我更倾向于维护我们的反哺式教育。一方面，中国人特定的生活习惯和观念根本无法彻底改变；另一方面，中国人的平均生活质量还欠发达，独立发展恐怕会带来更多的挑战与危机。结合我之前提到的“全景”理论，我希望父母与子女相互搀扶，相互视为资源，得到共同的发展。卢勤老师就专门提到过提高儿童的财商，进行儿童投资等观点。儿童的发展就是教育成本的补偿，对于子女的贡献主要表现在教育投资上，但更多的是情感方面的投资。尤其是在孩子 0—12 岁，我们有责任培养好儿童的性格、情感与价值观，当然还有兴趣爱好，这真是“功在当代，利在千秋”。“功”和“利”本身就差十万八千里呢！同时也说明了通过贡献建立未来的保障这个道理。孩子之后的发展可能直接影响到你未来的生活质量，“养儿防老”是客观而科学的。当然，我们也不能完全依赖子女，把子女视为“保障”，更多的是要开发我们自己的潜能。

对于自己的贡献，有点后现代的感觉。儿童对自己负责，就是对自己做贡献的表现。而我们以往的赏识教育极易让孩子陷入“为别人活”“为规则活”的怪圈。一个人对自己负责，不一定会在短时间内获得既得利益，但是他所获得的远远会比付出的要多很多。我们可以再看一看本人的“成长树”，每一步的付出若没有得到现实的成功，其实是为日后的发展奠定了坚实的基础。我在学校教书的经历，成为我日后推广儿童图书的有力背景；我在学校团委工作的往事，也极大地扩大了我与客户之间的人际交往。没有一段经历是无意义的，只要你正视它，并不要求它立刻给你回报，生活一定会在未来的某一天给你一个大大的惊喜。

我存在，我贡献，我幸福！笛卡尔说了一句“错话”，却成了至理名言——我思故我在！一个人的存在，体现他做了什么，而不是想了什么。对于子女的贡献，相信在成就了父母幸福的同时，也能让你的家庭生活更美好。

夫妻关系与亲子关系并不冲突

我跟老公是经朋友介绍认识的，或许是缘分，我们很快坠入了爱河。通过一年的相处和了解，很快就决定结婚，婚后的生活一直都非常和睦。我一直以为，在这个爱情已是快速消费品的年代，我们会迎来我们的银婚、金婚，一起浪漫到老。可是在我们的孩子降生的那一刻，家的和睦和平静瞬间被打破。

我在家是全职太太，请了钟点工，为我分担做家务和看孩子的重任。老公在外工作赚钱养家。我自己在家带孩子非常累，每天晚上他回来之后我特别希望他能抱抱孩子，陪一会孩子，好让我安静一会。可是他一回来吃完饭之后就坐在电脑旁继续工作，我跟他说过多次，希望他能帮帮我，可是他总说工作还没有忙完。

每天晚上，孩子都会大哭一次，为了让老公睡一个安稳的觉，第二天上班精力充沛，我跟他分开睡。他倒也乐意。我看得出他很喜欢孩子，每天早上他都会陪孩子一起吃饭，周末也会带孩子去小区楼下玩。

可是，我们的关系却逐渐疏远。我把孩子看得比任何人和事都重要，因为我担心孩子会生病，会不小心摔倒，每天的我都很紧张，可是每次想到老公我就感到有些孤独。有一次他一晚上都没回家，我给他打电话也不接。我很恼火，第二天他出现在我面前的时候，我对他大声吼了两句，两人吵了一架。孩子在房里哇哇大哭。从那以后我们开始冷战，很少跟彼此说话，这让我很痛苦。我整天闷闷不乐，孩子虽然不会说话，但我看得出他也不是很快乐。

我不知道该怎么办了，我的情绪已经影响到了孩子的成长。我很爱我的老公，可是我也不知道该怎样去维系我们这段婚姻，我最近非常痛苦，孩子已经8个月大了，我竟想到了离婚……

我曾收到这样一位年轻妈妈的来信，从她的话语中我能体会到这位妈妈的焦虑和痛苦，她非常需要专业的指导。这个指导并不是简单的心理疏导，而是一种家庭支持系统的建立。成为妈妈之后，一个家庭，从两人世界变成三口之家，看似只是数字的变化，其实背后是家庭结构的重组。

事实上，男性进入父亲的角色要比女性进入母亲的角色晚半年，甚至更长的时间。信中这位年轻的妈妈显然并不了解这个客观的事实。从她的言语中，我们似乎能够体会到这样的情绪：孩子的爸爸非但没有尽什么责任，怎么还不如从前了呢？丈夫在有孩子之前是好男友、好丈夫，怎么会在有了孩子之后，就不合格、不称职了呢？我们经常依据我们的经验来看问题，好男孩必然会成为好男人，好男人一定会成为好丈夫，好丈夫一定会成为好爸爸，好爸爸一定会成为好爷爷……这里面自然会有连带关系，但并不是必然关系。这是因为社会角色越来越复杂，而角色本身的要求也越来越严格。听话懂事、学习好可能就被称为好男孩，但是我们并不能说听话懂事、学习好就是一个好丈夫。一方面，做好角色是个人经验与自我顿悟的结果；另一方面，做好角色需要社会教育与他人的帮助。我们可以这样认为：学校教育其实就是对“好男孩”与“好女孩”的角色教育。一些发达国家，包括中国的一些发达地区已经出现了“婚前培训”，这种教育培养目的是为了家庭更加和睦，准夫妻两人为了共同的目标一起努力，这是非常必要的。父母课堂的出现无论从科学性，还是从社会发展的需求来看，都是大势所趋。

目前，父母课堂在我国并不普及，我们可以依靠自身资源来解决这个问题，要知道好丈夫与好父亲都需要妻子的培养。可以从以下几点做起：

其一，改变自己的家庭观念。我们会发现，在信中，这位妈妈是一个秉承“相夫教子”观念的模范妻子，但是“相夫教子”是古代的传统理念，已与现代社会格格不入。其实，丈夫与妻子是平等的，有同样的育儿义务，并且父母共同参与才能让孩子健康快乐、人格完善。

其二，强化父亲角色意识。相信成为父亲对于一个男人来说是骄傲的事情，有些爸爸会经常“炫耀”自己有了儿子或闺女。那么在家中，请不要吝惜你的言语，是时候改变称呼了。从“老公”到“孩儿他爸”，这是一次质的飞跃。事实上，这就是心理学上所说的暗示效应。丈夫向父亲的转型，需要一个过程，这需要妻子的参与与帮助。当丈夫出现在孩子的视野中时，妈妈可以热情地说一声“宝贝，爸爸来啦”，相信这句话就像充电器一样，会让你的丈夫变得精力充沛。

其三，共同承担家务与抚养义务。全职妈妈对于儿童是幸运的，对于女性却是一种比较大的负担。这种负担来源于精神上的压力与社会生活的闭塞。很多妻子因为全职变得沉默寡言，甚至与丈夫日渐疏远。改善这种情况最好的办法是让丈夫参与家务劳动与抚养义务中来。当然，我们需要在其中进行鼓励，毕竟很多男人不太擅长家务活。

其四，爱与需要的表达。中国的女性缺乏爱与需要的表达，这与传统习惯紧密相连。事实上，夫妻之间非常需要爱与需要的表达，因为这样可以让对方感到自己存在的价值，甚至明白自己努力的方向。很多妻子把孩子照料得很好，会给丈夫一种错觉，他是不被需要的。所以，妈妈可以经常表达，自己和孩子都很爱他，也需要他的爱。

有太多的新家庭，太多的年轻妈妈，她们虽然“承认”丈夫是孩子爸爸，却没有给他展现的机会。丈夫还是像以前一样，早出晚归地上班下班；睡觉变成了一个人，睡眠质量也没有受到丝毫影响；家里多了一个小宝宝，想玩就陪他玩一会，不想玩就在电脑上继续工作……年轻妈妈感觉非常委屈，她为丈夫着想，又辛苦带孩子，丈夫怎么就没有一点“表示”呢？

在家庭支持系统里，亲子关系与夫妻关系应该是等长的。就好比父亲、母亲和孩子分别占据家庭三角形的一角，夫妻关系先于亲子关系存在，是整个家庭关系的基础，所以是三角形的底边。孩子则是三角形的顶角。健康的家庭关系应该是一个“等边三角形”。简单来说，你替丈夫做了他作为父亲该做的事情，非但不会对丈夫和孩子有好处，还“破坏”了丈夫与孩子的关系，进而也会影响到夫妻关系。要做的其实很简单，就是让丈夫回到父亲这个角色上来，共同进行孩子的抚养与教育，当然，这需要妻子配合一些鼓励与暗示。鼓励不是说“你可以做一个好爸爸”，而是鼓励丈夫可以像妻子一样完成家务活动。暗示比较容易，就是经常在与孩子对话中，提到“爸爸”，这样丈夫会有一种存在感，也就表现出更多的责任感。

亲子关系不是母子关系。很多专家都认为必须注意母亲与孩子的亲子关系，强调“母子一体化”的科学性，鼓励母亲陪伴、母乳喂养、母子同床……这本身无可厚非，但是这样做并不是说孩子的培养与成长问题由母亲一个人来完成或解决。事实上，父爱对孩子的成长也非常重要，男性天生会给人一种安全感，父亲勇敢、坚强、刚毅的品质也会对孩子建立完整的人格有着重要的帮助。除此之外，父亲与母亲不同的视角对于孩子了解自己、了解世界提供了更多的选择与空间。我也会在以后的时间里，和大家分享如何建立更好的“新家庭关系”——家庭支持系统。

丈夫不仅是育儿助手，也可以是育儿达人。丈夫应该怎么做呢？很多育儿图书都非常详细地介绍了母亲应该如何成为育儿达人，然而母亲一个人承担育儿重任，暗自叫苦。还有一些母亲成为育儿的女王，父亲成为助手，甚至是仆人，这也是不对的，这样很可能导致丈夫的心不在焉。应该积极地让丈夫参与育儿活动的设计与实施。建立父亲的形象，对于丈夫的人格发展有着很重要的作用。同时，父亲的一些思路与想法和母亲有所不同，相信用心的父亲一定可以成为育儿达人。

我很喜欢马克斯·惠特海默说的一句话：整体大于各个部分之和。家庭支持系统就是将父亲、母亲与孩子三个部分紧紧整合在一起，形成一股巨大的合力。有的时候，亲子之间解决不了的问题，家庭支持系统可以做到；夫妻关系解决不了的问题，家庭支持系统可以做到。这一定是个值得探讨、有意思的话题。

早教有分工，父母都轻松

有很多朋友喜欢称呼我“超级奶爸”，我非常开心，但想想可能是因为大家比较喜欢《奶爸经》的缘故。其实父亲育儿早就不是什么新鲜事儿，在《三字经》中就有“子不教，父之过”的名言警句。随着时代的发展，人们遵从“男主外，女主内”的规则，男人的育儿功能自然“用进废退”，最终淡出了历史的舞台。如今，“早教热”“亲子热”红透了荧屏、早教机构和亲子乐园……人们意识到早教的重要性，意识到父母只有通力合作、分工明确，才能真正培养出一个人格健全、积极乐观的孩子。“奶爸”这个词，看似戏谑，实际上，回归家庭的父亲参与到育儿中，能最大限度地缓解妈妈们的育儿焦虑，让亲子教育更加完善……

我们经常开玩笑说男人与女人来自两个不同的星球，拥有不同的思维方式，这话一点儿也不假。爸爸与妈妈作为不同性别的两个人，分别为孩子提供了不同的心理营养。下面就分工做一个明细：

1.**妈妈提供安全感，爸爸提供动力。** 妈妈是孩子安全感的来源，一个正常的孩子，无论他是什么气质类型，只要在妈妈出现或消失的时候，情绪都会出现最明显的波动。在孩子出生的过程中，母子进行了肉体的分离，但是孩子在心理上仍然认为亲子是一体的，或者说母亲就是他的一部分，和自己的手、脚没有什么区别。我们想想，如果把我们的手和脚与我们的身体分开是一件多么可怕的事情啊！所以无论如何，在0—1岁的时间要尽量与孩子长时间接触，在1—3岁的时间要尽可能地陪伴孩子，为了让孩子获得安全感，一生的安全感。

爸爸提供的不是安全感，而是一种动力。在孩子的眼中，父亲是高大的，是强壮的。父亲可以快速地移动自己的身躯，做出各种复杂的动作，这让孩子们感到非常的兴奋，也会想尝试着模仿这些对他而言非常复杂的动作与表现，从而刺激孩子的动力与潜能发展。

2.**妈妈训练耐心，爸爸训练好奇心。** 我常在讲座中讲述，人有四种天性，分别是好奇心、耐心、进取心与防卫心。其中最能影响孩子潜能开发的便是好奇心与耐心。

妈妈总能不厌其烦地教孩子一个简单的动作，比如刷牙、握筷子、穿衣服——却很少看到一个父亲能做到这一点。在这个过程中，其实重点并不在于刷牙的能力与技巧，而是训练了孩子的耐心，当孩子可以坚持几分钟做一件事情，证明他接受了人类的生活方式，母亲实在是功不可没。

爸爸需要负责孩子好奇心的激发与培养。一个兴趣广泛的父亲就是天生的“超级奶爸”。他们总会发现生活细节的乐趣与美好，他们善于做出夸张的表情与反应，这些都是激发孩子好奇心的方法。爸爸要带孩子体验不同的体育项目、不同的游戏设施、不同的读物，让孩子在广泛接触中激发好奇心。千慧的奶奶曾问我，千慧应该学什么知识或者技能呢？我说知识与技能不是最重要的，要让她在生活中多接触、多体验、多感受、多表达，这些比起知识来说重要很多。

3.妈妈培养规律的作息，爸爸积极做好示范。孩子0—3岁有很多“教育任务”，在我们传统的观点中有“三翻六坐八爬”，如果做不到，家长必须“干预”。而事实上，这些基本能力并不是我们教会的，或者是训练的，而是与生俱来的本能。我们总觉得语言是教育的结果，而在认知心理学的观点中，语言的产生更多的仰赖于大脑中的“语言器官”，当器官发育成熟，加上后天的学习就可以说出流利的语言，除非这个孩子有天生的缺陷。当然，我还是赞成多与孩子进行对话或讲故事，或许学语言的效率不高，但是会给孩子很大的归属感与乐趣，有利于建立亲子关系。在这里面还有一个最重要的训练项目就是养成规律的作息。千慧从1岁开始就实现规律作息，其中包括起床时间、喝奶时间、娱乐时间、学习时间与睡眠时间，越早形成规律意识，对于孩子的益处越大。

爸爸的作用其实很重要，便是作为一个示范者，同意接受孩子妈妈的指挥。一方面孩子喜欢模仿，另一方面孩子会更加认同母亲的权威性，有助于服从期的训练。

4.**妈妈训练小动作，爸爸训练大动作。** 0—3岁有三项训练，包括注意力训练、精细动作训练、感统训练。

其中，注意力训练就是培养耐心的训练，精细动作训练就是小动作的训练，感统训练则是包括视觉、听觉、运动觉、触觉在内的大动作训练。

妈妈要让孩子在安全的前提下多接触细小的物体。很多家长觉得孩子抓桌子上的饭粒不卫生，其实这可能是她自觉进行精细动作的尝试。

感统训练，可以通过爸爸与孩子一起玩的方式开展，边玩边进行感统训练，效果能事半功倍。这些方法我不再赘述。

5.**妈妈给予批评多一些，爸爸给予建议多一些。** 在0—3岁的服从期，我们的核心目的是让孩子成为“乖孩子”，因为服从乃是人在社会生活必需的“一面”，当他出现错误的时候，或者需要改正的地方，妈妈不可“吝惜”批评，因为你的批评指导对孩子是一种“反向”的激励，他在接受“惩罚”之后，会做得更好。

爸爸可以对孩子的努力进行适时鼓励，让孩子觉得世界的评价是多元的，从而学会客观地进行自我评价。但是切记！爸爸不可以当面驳斥妈妈的观点，更不可背后说妈妈的“坏话”，妈妈的“权威地位”要进行重点保护，而不是“另立为王”。最保险的方法是在孩子认识到错误之后，再给予孩子建议与方法，让孩子明白自己可以做得更好。

父母早教分工的方法很多，妈妈和爸爸做好配合，不仅能更好地育儿，而且能增进夫妻之间的情感。

爸爸妈妈如何“打配合”

爸爸和妈妈不是育儿的对手，而是育儿的队友。我们会发现，很多的夫妻在有了孩子之后出现了新的矛盾和争吵，主要原因是出在育儿理念和育儿方式上。可能因为哄不哄爱哭的孩子，两个人就争得面红耳赤；可能因为该不该给孩子报早教班，就相互冷战；也可能因为支持不同专家的观点，就彼此嫌弃。事实上，父母必须明白三个前提：其一，作为家长的目标是一致的，都是为了培养孩子；其二，最了解孩子的人是父母，并不是专家；其三，夫妻关系是第一位的，只有携手才能有更好的家庭教育。

爸爸和妈妈的配合，是家庭教育的总基调，而每一个阶段，可能需要不同的配合，这里蕴藏着很深的教育智慧。对于儿童的教育离不开权威者和配合者，这个配合者也可以理解为“助教”。我们看一看不同阶段爸爸和妈妈该如何打配合。

1. **3 岁前的教育配合。** 我经常在讲座中引用我的《亲子教育歌》：0—3 岁服从期，3—6 岁协商期，6 岁以后就独立，家长天天笑嘻嘻！ 3 岁之前听谁的？ 是谁的年龄大听谁的，还是谁的学历高听谁的？ 还是听挣钱多的？ 正确答案是妈妈。妈妈是孩子 3 岁之前的教育权威角色，也是教育口令的发布者。 其他人均不可以当着孩子的面去质疑和指责妈妈，如果有什么不同的想法和意见，一定要私底下不当着孩子的面和妈妈进行交流。 这样做的目的，就是树立妈妈在孩子心目中的权威形象，让孩子更好地进行服从期训练。 现实中，我们看到太多的情况是，妈妈说往西，爸爸说往东，爷爷说往南，奶奶说往北，孩子自然是不知所措、无所适从。 在这个阶段，“教育一致性”显得尤为重要。 妈妈是权威角色，那爸爸是什么角色呢？ 爸爸是政策（口令）解读者、行为示范者和关系协调者。

周五晚上九点半了，一个爸爸陪孩子在床上玩游戏，玩得不亦乐乎。 这个时候，妈妈从门外冲了进来，大声呵斥道：“干吗呢！ 怎么还没睡觉呢？ 几点啦！”这时候爸爸可能有三种不同的态度。 第一种爸爸是积极对抗型：“你懂什么呀？这叫亲子互动！”第二种爸爸是消极对抗型：“我这好不容易才和孩子玩一会儿，孩子多需要陪伴啊！”第三种爸爸是消极接受型：“不玩就不玩呗，看见没有啊，你妈不让玩！”当一问讲座台下的妈妈们，原来大部分爸爸是第三种类型。我在现场，给家长们做了正确的示范。爸爸应该这样跟孩子表达："我觉得你妈妈说得很有道理，咱们玩了半天，也累了，明天还要出门的，我们需要有精神……"一边说，一边还要假装打呼噜："其实爸爸早就困了！"最后，还要补充一句话："其实妈妈这么做是为咱们好！"听到这里，台下已经是笑声连连、掌声阵阵了。

2. 3—6 **岁的教育配合。** 为什么要把 3—6 岁和 0—3 岁分开来写呢？因为这确实是两个不一样的阶段，爸爸和妈妈的角色也在发生变化。一般来说，0—3 岁是亲子圈，3—6 岁大部分孩子进入了伙伴圈。这个时候，孩子开始有自己的固定伙伴，也在幼儿园中向同辈群体学习。我们经常会听到孩子口中蹦出"屎尿屁"的话，而且一个人咯咯乐个不停。这是老师说的吗？当然不是，这是家长教的吗？也不是！这是跟同学学的。这一阶段，很多爸爸妈妈觉得把孩子全权交给幼儿园的老师，就不用管了。实际上，这个阶段，仍然是亲子教育的关键时期。3—6 岁的阶段，父母是孩子社会交往的典范，妈妈是女性社会角色的代表，爸爸是男性社会角色的代表。这里面有三层寓意：其一，男性应该是什么样的，女性应该是什么样的。这对于孩子的行为表现来说是一种重要的参考。其二，爸爸和妈妈怎样交流，也让孩子明白男性应该如何与女性相处。其三，渐渐明白夫妻关系与亲子关系的区别。孩子不能缺少陪伴，也绝不能过度陪伴。

在这个阶段中，妈妈不是家庭生活的领导者，而是亲子生活的组织者。妈妈注重儿童行为规范、礼仪素养、生活常识的培养，而爸爸可以通过丰富多样的亲子互动形式，包括亲子游戏、亲子阅读、亲子运动等，来提升孩子的综合能力与素养。当然，每个人擅长略有不同，所以爸爸妈妈可以配合来完成。

由于进入了协商期，不要再把孩子当“孩子”，而要当成平等的家庭成员，爸爸妈妈也要带着孩子一起完成家务劳动，讨论家庭中的大小事。

3.**小学之后的教育配合。**一进入小学之后，无论是家长还是孩子都会发现，学习成了生活的主旋律，而且小学生行为规范守则提出了非常明确的要求。教师成了这个阶段特别重要的权威角色，而爸爸和妈妈需要退居二线，做好配合工作。我们管这个时候的配合叫作“家校合作”。我之前问家长朋友，你们希望自己的孩子在学校里一切顺利吗？他们说当然希望。那么，我们需要做的第一件事情，便是树立老师的权威角色。爸爸妈妈不去贬低老师，而是引导孩子去理解老师的要求，做好政策的解读者、行为的示范者、梦想的支持者。

爸爸和妈妈不是育儿的对手，而是育儿的队友。两个人之间的情感流露，往往会影响到孩子对幸福的理解和对幸福生活的向往。有一种配合，是不分年龄的，那就是爸爸和妈妈的相敬相爱。在生活中，我们父母表现出了相互的默契与关心，而不是争吵与冷漠时，孩子也会更容易感受到家的温暖。

奶爸边吃边育儿

现在，越来越多的年轻妈妈意识到，有了孩子以后，自己似乎丧失了自我，而丈夫却依然“是从前那个少年”，焦虑往往就来源于这样的无助感与失落感。夫妻关系可能因为妈妈专注育儿而被忽略，更可能因为丈夫的缺失、自己的孤立无援而危机重重。

所以，妈妈们应该提醒丈夫在育儿方面不应该袖手旁观，即使丈夫不擅长育儿，也必须让他参与到育儿中来，妈妈们的怒火和焦虑才会平息许多。越来越多的年轻爸爸也意识到，仅靠妈妈一方未必可以取得最好的育儿效果。于是双方心照不宣，携起手来，共同关注孩子的生活与成长。这样家庭生活矛盾就会减少许多。

谈到生活，离不开衣食住行，听起来简单，却是孩子们人生的第一课，我们在《爸爸去哪儿》中也看到了这些最常见的生活场景。孩子0—3岁这段时间，教育的重点应该是行为训练与习惯训练，行为训练包括感统训练、注意力训练与精细动作训练三部分，我们这里不展开述说。习惯训练则不必借助任何器材，而通过衣食住行这些简单的日常生活来训练。

这次我们主要谈一谈在孩子的饮食方面，年轻父母应该如何进行训练与分工。

宝宝的饮食听起来容易，做起来其实很有讲究。吃什么很重要，这点需要营养专家的赐教，如何吃就是亲子教育的范畴了。一般来说，在饮食方面，妈妈是负责提出要求与喂食的，而爸爸则是负责示范与陪伴的。妈妈在宝宝 0—3 岁的时候充当了“重要人物”，孩子们通过妈妈，学会了服从，学会了完成命令，这也是社会化的第一步。可以说生活中的具体要求都应该由妈妈来提出。在吃饭方面，妈妈应该明确要求孩子吃饭的时间，严格控制吃饭的环境。吃饭、睡觉、游戏、学习这四步应该形成固定的作息表，一开始的时候可能亲子双方都不适应，但当孩子适应之后，你会发现这是一件一劳永逸的事情。

规律的作息不但对孩子自律性有好处，对身体健康也极为有益。吃饭不宜过快，用餐时间也不能太长。有些妈妈喜欢与宝宝一起吃零食，这样非常影响饮食作息，爸爸们一定要监督此事。喝水与吃水果的时间要放到吃饭之前半个小时左右。妈妈有时候很忙，爸爸要提醒。

吃饭的环境：你是否为你的宝贝准备好了用餐环境呢？好的环境就是好的教育。爸爸要和妈妈一同做好此项工作，把宝宝的玩具、图书等一切吸引宝宝注意力的物品收好，关上电视、电脑等电子设备。事实上，孩子不需要任何刺激，仅仅因为饥饿的欲望就会乖乖地坐在食物前，任何的辅助措施都是画蛇添足。

妈妈的喂食：刚吃饭时由妈妈喂食比较适合，妈妈比较能够觉察到宝宝适合的食物温度与“一口量”。吃辅食的时候，可以用一个大碗多盛一些凉着，然后准备个小碗，进行喂食。当勺子接近宝宝，而宝宝表现出不那么积极或摇头时，证明他已经吃饱了，千万不要多吃！一次吃得少一点没什么大不了，但是破坏了孩子对于吃饭的兴趣，甚至带来进食恐惧，就得不偿失了。

爸爸的示范：爸爸的作用在哪里呢？爸爸是一个吃饭的“模特”。在孩子开始吃辅食的时候，爸爸就要与他并肩而坐，让宝宝知道原来人都是这么吃饭的！一方面听从妈妈的口令，一方面模仿爸爸的行为，这样更有助于宝宝学习，让父子之间更加亲密的同时也让妈妈的“权威性”得到巩固。爸爸的陪伴对于孩子来说，有着积极的意义，这是一种安全感与归属感。爸爸在饭桌上的一举一动都成为孩子行动的模板，这就是所谓的“身教胜过言传”吧！

除此之外，爸爸还可以通过语言与表情吸引孩子吃饭，比如“香喷喷”“好馋人呐”等形象生动的语言与丰富的表情，必然让孩子对吃饭产生更多积极的情感。宝宝0—3岁，在饮食方面，我们需要注意的就是四点：卫生、营养、兴趣、习惯。有一位家长曾经问我，孩子1岁左右，总是捡桌子上或手上的饭菜吃，我该不该阻止呢？我觉得这不是习惯方面的问题，而是孩子正在自觉地进行精细动作的训练，他通过大拇指与食指的配合，完成这一“复杂动作”。

民以食为天，食不仅是为了解饱，同时也是一种教育的渠道。如果说母亲是孩子的第一任教师，父亲就是第一任助教。

虎妈猫爸中的教育一致性

2015 年有一部热播电视剧叫《虎妈猫爸》，这部反映亲子关系的连续剧中涉及的育儿现象和话题至今仍是家长们热衷讨论的，尤其是因为教育孩子而产生的婚姻家庭矛盾更是令人深思。当我看了之后，我发现《虎妈猫爸》真的是一部非常好的作品，它反映了当下人们关心的教育问题，里面的冲突设计得也比较合理。当看到佟大为饰演的爸爸夹在赵薇饰演的妈妈与孩子奶奶之间“和稀泥”的场景时，我有一种感同身受的体会。电影、电视剧就是有这样的魅力，它本身为人们提供了一个交流的平台，其中呈现的多元的话题则为互动搭建了不同的桥梁。当人们直接聊教育话题时，就会显得重复、死板、无趣，而家人一起来说说电影、电视剧中的教育元素，人们就会感受到好奇、轻松、愉悦。

《虎妈猫爸》中经常会提到一些教育敏感词汇，比如“教育一致性”“自主判断”“自闭症”“过度期望”“公主病”“重点小学”……电视剧深入早期教育与亲子教育领域的重要问题，对很多社会问题作出了深入思考与艺术处理。

在家庭生活中，教育一致性的问题被反复提出来，常常因为家庭成员之间在孩子的教育上存在分歧或者不配合，而产生诸多婚姻家庭矛盾。“教育一致性”这个词在《虎妈猫爸》中出现的频率比较高，而且也是第一个让我感兴趣的词语。赵薇扮演的“虎妈”，有的人说并不“虎”，但至少她想表现的是这样一类妈妈——她们对孩子高度负责与关注，生怕孩子吃不好、睡不好，尤其是得不到最好的教育，为了让孩子能够养成良好的习惯，自己必须要树立家中的“权威教育地位”。当孩子的父亲、爷爷奶奶、姥姥姥爷还有姑姑有了不同的教育观点，她便感觉自己的“权威教育地位”受到了威胁，孩子便有机可乘，这就是所谓的“教育一致性”出现了问题。在第13集中，“猫爸”的初恋女友认为应该培养孩子的判断力，尊重孩子自己的选择，那么到底是初恋女友说得对，还是老婆说得对？这一次他听从了初恋女友的建议，且确实取得了一定的成效。剧中，女儿要吃肉的时候，妈妈坚决不让吃，奶奶坚持给孩子夹肉，爸爸则让孩子自己来选择，并给孩子减压——孩子最终说出了自己的选择：自己想吃肉，但是不吃了，因为她怕胖……

下面，我们来分析一下这里面的育儿知识。“教育一致性”是没有错的，但是它只适用于一个时间段，就是孩子的0—3岁。很多看过我的《让孩子快乐的亲子关系》的家长都知道，我把这个阶段称为“服从期”。“服从期”这个词是针对人格方面而言的，即除了必须培养的注意力、精细动作与感统能力之外，人格养成在0—3岁的主题便是“服从”。为什么要服从呢？一方面，儿童在出生之后，生理、心理上完全依赖大人，需要依靠大人的呵护与帮助才能生存；另一方面，儿童需要经历最早期的社会化过程，需要学会接受、学会模仿家长的言语与行为，在听从大人的口令之后掌握生活经验与规律，为适应社会打下基础。那么，服从谁呢？答案只有一个：妈妈。在孩子0—3岁，只能有一个人成为亲子生活中的权威角色，就是孩子的妈妈。我看到很多家长让0—3岁的孩子自己选择与判断，这是非常荒谬的，因为孩子的认知能力与思维水平并没有达到自我判断的水平。妈妈的权威性非但不会让孩子感到自卑，相反会让孩子收获更多的安全感与归属感，他们会因为母亲的强大而收获自信。从这个角度来说，妈妈的口令要清晰、科学、合理，这也要求妈妈足够了解儿童身心发展的规律。在经历了服从期训练之后，孩子们具备了良好的生活习惯、作息规律以及基本礼仪，顺利进入人生的第二阶段。

《虎妈猫爸》中的女儿处在3—6岁之间，这个阶段已经不是“服从期”，而是“协商期”。这个时期是人格建立的关键时期，我在书中提出了理性的态度、客观的评价、示范的行为与积极的情绪，即ROMP理论。从早期的遵从到民主意识的培养，家长首先需要转换角色意识。妈妈从唯一权威人的位置下来，和孩子一起协商解决生活中的问题。因此《虎妈猫爸》中教育专家的说法只是对了一半——她说，孩子天生就具备选择能力，要尊重孩子的判断。后半句是对的，但前半句是有问题的，孩子具有选择能力恰恰是基于妈妈在0—3岁时的教化过程。生活的目的是教育，教育的方法是尊重，尊重的方式是提供选择。给孩子选择，即是培养孩子的判断力与理解力，甚至是创造力。协商并不是放任自流，家庭成员可通过合理的方式解决家庭内部问题。我在书中也提到过“家庭式圆桌会议”的方法。我们总是觉得孩子小，很多事情不需跟孩子说；我们又觉得孩子幼稚，应该达到我们的标准——大部分的家长不知道该把孩子当作大人还是小大人来看待，其实我们只需要把孩子当一个“人”就好了。在家庭式圆桌会议中，孩子与妈妈、爸爸、爷爷、奶奶坐在一起，既可以讨论柴米油盐的小事，也可以讨论房产置业的大事，孩子在参与当中发言，可以训练他的各种素质与能力。当然，更重要的是，孩子找到了自我感与成就感。

“张冠李戴”的教育比起“无为而治”的教育更要命，家长要做的是根据孩子在不同年龄段，运用不同的方法进行科学的教育。

让孩子成为家庭生活的润滑剂

我最崇拜的“社会心理学之父”勒温提出了三种领导类型，即专制型、放任型与民主型。在学习他的理论时，我并没有任何的异议，非常尊崇他的民主管理观。将这三种类型放到教育领域，专制型即家长型。当我在教育教学中，把民主型管理引入到课堂之后，我发现了很大的问题。教育的双方并不是民主集中的关系，他们可以有不同的目标，并且有不同的发展。我把这个现象称之为“平行教学”或“教学平行”。在我教科学课的时候，有一节课讲到了叶子的用途。当我开放提问时，我得出了五花八门的答案：做衣服、做药材、做食物……有一个孩子给出了非常经典的答案，他说：“老师，还可以做陷阱……”当时大家哄堂大笑，听课的老师也忍俊不禁。如果按照家长型的课堂管理，老师会说：“这是什么答案啊，一点也不规范，考试的时候不要这么写！”如果按照放任型的课堂管理，老师会说：“也对啊，这也是一种答案……”如果按照民主型的课堂管理，老师会说：“嗯，不错，这位同学你说的有道理，不过啊，考试的时候我们还是要填上做衣服、做药材和做食物……”

我们会发现，在教学上，家长型、放任型、民主型有着共同的特点——不肯定个人的思维，不倾听个人的思考，不重视个人的思路。对于家长型与放任型的批判我觉得不需要赘述，而民主型错得非常隐蔽，值得大家关注。民主的目的，是为了集中，这个很显然。为了让课堂气氛显得很活跃，我们先堂而皇之地让孩子说出自己的观点，可见课堂是“宽进”的；最后教师还是要抛出“标准答案”，可见课堂是“严出”的。而“宽进严出”的后果是，孩子们发现动脑思考并不一定会被肯定，获取知识的捷径是收听老师在课堂最后10分钟的总结。这是多么可悲的民主型教学啊！它正在抹杀成千上万中国儿童的想象力与创造力。

除此之外，有一点更为严重。个人经过思考的结果，无论正确与否，并没有得到教师的点评与引导，反而一次一次被忽略与搪塞，这是很可怕的。换句话说，在民主型的课堂里，教师并没有与学生站在“一个平面”上，而是成为了知识领袖，教师是渔网，学生是鱼；教师是饼铛，学生是饼。学生永远追不上教师，当然更不必谈超过。

再者，思考的目的是行动，学习的用途是实践。这个基本观点在民主型的教学中被无情掩埋了。我们鼓励孩子思考与学习，却不告诉他们思考的效果，学习的用途，这是造成孩子不善于思考、缺乏学习动力的原因。

“互助式”教学，或者说“教学平行”模式下，教师会对孩子的思考有所评价，并且承认思考的价值，鼓励孩子们“动”起来。“拿叶子做陷阱真的是个不错的想法，这点恐怕老师们也没有想到，你能不能想想什么时候可以这样做?”很多时候，孩子会以自己出奇的答案而感到骄傲，当听到大家的欢呼声更是会开心与兴奋，这时候，教师需要把“球”继续踢给他，鼓励他继续思考，这种“特殊照顾”，会让孩子很满足，同时对其他同学也是一种教育。

知识面前人人平等，这句话不是空谈。对于知识的获取，教师有自己的教学计划，学生应该也具备自己的学习计划，这样的课堂教学才可能是活跃而充实的。教师应该放低自己的身段，自己与学生都是求知者的身份，并且相信从对方身上可以获取新鲜的理念，扩充自己的大脑。

“互助式”师生关系是有益的，其实这也是人际关系的合理模式。人与人之间最合理的关系莫过于“互助”，也恰恰是“互助”让各种人际关系能够更加牢固与良好。我在书中也提到了——“亲子关系决定人际关系”。无论是师生关系、朋友关系、恋人关系，他们都受到了早年 0—6 岁时亲子教育的影响，这其中又以 3—6 岁最为关键。在 3—6 岁时期，父母尤其是母亲在建立亲子关系的同时，也教会了儿童日后与其他人如何相处的范式。我在《孩子独立“靠”父母》中，讲过父母能给孩子能做些什么，包括组织亲子阅读、亲子运动、家庭圆桌会议等，其实，我们的孩子也在时时刻刻帮助着我们……

我的一位同事讲到过一个让她很感动的案例。一次她和老公吵架了，老公在一边生着闷气，她在另一边伤心抽泣。5 岁的女儿蕊蕊看见了，跑到爸爸身边，强力劝阻爸爸：“爸爸，你快去劝劝妈妈，求求你啦，妈妈都哭了……”老公抹不开女儿的面子，最终主动认错。在那一刻，同事说自己非常庆幸有一个好女儿，真的帮自己和老公解了围。

都说孩子是夫妻关系的润滑剂，一点都不假，实际上孩子充当了心理咨询师的身份，他开始尝试着倾听不同的声音、作出不同的判断，甚至为父母两个人开不同的处方。孩子就是这么伟大，他比任何人都有耐心！我们要善于挖掘孩子的助人能力——他们可以帮助我们的事情远比我们想象的多。

（1）倾听者。正如上面所说的，孩子愿意听爸爸妈妈讲自己的故事。

（2）家务上的助手。我之前说过，家务活是家人的天职，儿童是家人，所以责无旁贷。

（3）生活中的点子王。儿童的想象力是天马行空的，他的一句话很可能点醒你沉睡的大脑。

（4）拒绝他人的挡箭牌。照顾儿童成为了你拒绝许多不必要社交的一张好牌，而且屡屡获胜。

（5）性情养成专家。不管你承认与否，在有了孩子之后，你还是变得更加成熟、稳健，你是被“逼”出来的。

（6）精神放松器。当忙碌了一天后，体力早已透支，你需要放松身心时，回到家看到孩子的笑容，疲惫已经散去。

（7）夫妻协调员。如果你想解决夫妻之间的矛盾，又不想丢面儿，好的，你可以劳烦你的小家伙。他可以做得很好，但做完了别忘了慰劳他一下。

（8）老年人护理员。年轻人在外面打拼，留下空巢老人怎么行？孩子可以帮你充当护理员，无论从精神上，还是生活上，做老年人的护理员对孩子都有很大的帮助。

（9）洗车员。外国人喜欢让孩子们帮助洗车，然后给予报酬，我非常赞成这种做法。需要格外注意一点：洗车不是做家务，做家务不给报酬，洗车是额外劳动，这样做可以培养孩子的财商意识。

（10）趣闻记者。儿童会无偿地将自己感受到的新鲜趣事讲给你听，你坚持听，就会发现越来越有趣了。

（11）谈资对象。你会发现在跟他人交谈时嘴里总是你的孩子，他们成为了我们的谈资。当然，我们在感受快乐的同时，也要感谢他们。

（12）家庭计划的参与者与执行者。家庭成员都有份，我们有没有一个家庭计划或者说家庭梦想呢？让孩子们参与进来，贡献他们的智慧，然后贡献他们的力量。

（13）你的学生。像我这样有“育人癖”的家长应该也为数不少，孩子天然成了你的学生。

（14）美食顾问。厨师最犯难的事情不是菜做得不好，而是没人用餐。孩子不爱说瞎话，他肯定可以提高你的厨艺。

（15）家族“产业”的继承人。如果你有家族产业，孩子愿意可以继承；如果你有的是家族精神与品质，孩子也可以最大范围地运用它，实现自己的梦想。

…………

以上只是掠影，孩子们真的可以为我们做很多很多，当妈妈们意识到这点，也就同意了我的“互助式”家庭教养模式。互助让孩子们变得成熟而独立。孩子需要和父母互助，进而和朋友互助，进而和老师互助，进而和客户互助，进而和恋人互助，进而和他的孩子互助……当然，在很多情况下，你给孩子的平台越大、越广，他发挥的能力也可能越多、越强。

互助的前提是了解双方的需要，重点是表达需要，关键是付出行动。有一个词语叫助人为乐，从来就没有单方向的助人。助人者，人助之，天助之，助人自助也。要让孩子明白一个道理：在很多时候，助人是成功的第一步，也是最重要的一步。

维系家庭的幸福，不仅仅靠夫妻双方，孩子也是这个家庭的一分子，就像我们在育儿上要尊重孩子一样，在家庭生活中，孩子的意见和作用同样应该得到重视。甚至大多数时候，孩子是维系家庭的润滑剂。

第三章

选择你认为最重要的

——平衡职场与育儿焦虑

对于大多数中国家庭而言，由于经济原因和个人发展需要，妈妈很难做到辞去工作安心在家带娃，当一名看似安居的全职妈妈，更不必说全职奶爸的出现了。然而妈妈和爸爸的角色还不一样，大多数妈妈们一边工作，一边还要喂养孩子、教育孩子，既离不开孩子，也不放心将教育孩子的任务转交给他人。因此，对于大多数职场妈妈来说，一边担心工作太忙没时间陪孩子、错过陪伴孩子的某些重要时刻，不能像全职妈妈那样全身心投入孩子的教育；一边又担心辞去工作的话，个人价值会被拉低，担心不能升职加薪，担心职位被人挤占，等等。职场妈妈的多重身份决定了其必然要承受来自多方面的压力。

然而，仅仅停留在焦虑和担忧上是无济于事的。妈妈们要做的是如何去化解。家庭和事业从来都是同生共存的，与其整天焦虑如何去平衡，不如先好好提升自己。当你有了安身立命之本，有了别人无法轻易替代的硬核竞争力，你会发现自己能掌控的、可选择的原来这么多。

陪孩子真的那么难吗？

“工作带娃两不误”看似容易，但其实很多家长错误理解了带娃的概念，以为下班回家后在孩子眼皮底下就是陪伴，然而这样低质量的陪伴显然也是廉价的。陪孩子真的那么难吗？这或许与年轻父母的性格有关，或许是你还没有学习和掌握与孩子相处的方式。

我有一个同事，他的孩子今年上小学一年级。他跟我说，孩子很像他，特别内向，比较害羞，想得多表达得少。他希望孩子能够活泼一点，自信一点，勇敢一点。依我对他的了解，他是一个非常老实本分的男人，不是工作狂，也不算居家男，但是他做事非常认真，办公室收拾得特别干净，家里肯定也差不了。他跟我请教了很多亲子关系方面的事情，我这一聊也没收住，免费做了一个小时的一对一讲座。这个同事也听得津津有味。在我看来，最大的问题不是孩子的天性，而是亲子之间缺少互动。我跟同事说，这样吧，哪天你把孩子带来，我教教你怎么和孩子互动，现场演示。说完他终于允许我歇会了。

不到一个月，他带孩子来到了单位。小女孩从远处一看就是比较听话、文文静静的丫头。这位同事让小女孩和我打招呼，小女孩害羞地看着我说了声“叔叔好”。我说：“我是游戏大王刘老师，记住了呀！”小女孩一乐，很漂亮。同事在一旁立刻帮我鼓吹：“叔叔是学校里最厉害的专家呢！”我脸一烫，居然不知道接什么……

我带他们玩了3个亲子游戏，游戏当中需要爸爸和女儿手指的接触，同事显得有些生疏，好像不知道如何与孩子玩在一起。在我的鼓励下，小女孩的游戏玩得比爸爸更加自然顺利，同时也获得了自信心，因为我看到了她脸上甜甜的微笑。就在这个时候，我将一个矿泉水瓶放到了自己的头顶上，一边保持平衡，一边对女孩说：“你猜我们谁放得时间长？”还没说完，水瓶就掉在了地上，小女孩咯咯乐了起来。她捡起矿泉水瓶，小心翼翼地放在了头顶上，眼睛翻着看上面，小嘴嘟着憋着口气……她坚持了4秒钟，水瓶也滑了下来。同事在旁边看着，没有表示惊喜，也没有表示失望——没有反应便是最坏的反应。小女孩从地上捡起了水瓶，跑到了爸爸身边，说道：“爸爸也玩！”——看，孩子有多需要和爸爸一起玩啊！我斜楞着眼睛看着同事，冷冷地说道："你可知错！"同事连忙点头，笑着说："是，是，是我不对。"

过了一会儿，有一个女同事拿过来一个没上色的兔爷石膏塑像。女同事说："来吧，给你们家小孩儿一个吧！"男同事把兔爷递给了女儿。女儿非常开心，手捧着白白的兔爷，随口说道："爸爸，兔爷可以做粉笔！"同事听完，不屑地说："得了，你还是回家上色吧！"

我又瞪了一眼同事，冷冷地说："你闺女说的多有创意啊！"同事又一次连连点头，笑着说："是啊，是啊……"女孩听我夸她，又说道："如果上了色，就变成了彩色粉笔！"我兴奋地看着她，对着同事说："你看！你的女儿多有创造力呀，可你却不知道！"

同事一把抱起了女儿，然后说道："宝贝，你这么有天赋爸爸都不知道，爸爸回去要好好陪着天才宝贝玩！"

看着同事离开的身影，我有了一些想法。这个爸爸并不是不爱孩子，只是不善于表达自己的爱，其实爱孩子是一件很简单的事情，一起玩，一起欢笑，一起天马行空……只因为成年后我们被贴上了成人的标签，不能轻易地放松下来，去傻笑，去奔跑，去呐喊，去遐想，去仰望远方……

对于某些职场妈妈来说，同样如此。辛苦一天回到家中，到底还有多少精力和热情投入到陪伴孩子之中？尤其是职场“女强人式”的妈妈，不知道如何陪孩子玩也不是稀罕事。父母是那个压在五指山下的孙悟空，而孩子才是为我们揭下“标签”、拯救我们的师父……如果你也是这样的职场妈妈，不妨在回到家中的那一刻，彻底解放天性，去拥抱最亲爱的孩子吧，你一定有数不清的好点子等着和孩子一起来实践。

由于工作原因和孩子长期分离怎么办?

就像我在《种爱》歌词里写的那样:“大人的世界也许真的不简单，他们爱你想你却不能天天见，种下爱的种子我们用心浇灌，我们为你加油为你点赞……”成人世界里有太多的辛苦与无奈，其中之一就是缺少对孩子童年的陪伴。在参与“关爱留守儿童”种爱计划后，我发现有太多父母由于工作原因，与孩子长期两地分离。知道这个事实，我是很难过的，他们并不是不想与孩子一起成长，而是现实不允许他们高质量的陪伴。就在去年，我担任了种爱计划的爱心大使，和很多明星学者、志愿者们一起为这些孩子们写信、回信，不只是给孩子们送去温暖，也引导他们理解父母、直面生活、提升技能、追求梦想。看着孩子们的一封封回信，感受到他们的信心一点点强大起来，种爱计划的小伙伴们也感到无比欣慰。在这样一份实践工作的基础上，我想我可以更好地回答这样一个问题。

1.**了解孩子的行为，更要了解孩子的需求。** 当你发现自己的孩子有一些叛逆行为、负面情绪和不合群的表现时，不要一味地指责和埋怨，而要学会理解与接纳，他还是孩子，而且因为长期缺乏父母的关爱、照顾、肯定与引导，才导致出现这样或那样的阻抗与逆反。当一个孩子没有得到成长过程中必需的心理营养，包括安全感、新奇感、控制感与成就感，得不到这样的心理支持，就没有强大的动力去面对困境、去改变自己。作为家长，我们可以通过手机视频和孩子保持亲密联系，让孩子感受到我们的爱与关心；我们也可以针对上学的孩子进行书信往来，向他传递生活经验和社会经验，鼓励孩子勇敢面对生活，营造自己的生活圈和成长空间，让孩子有机会做自己的主人，并一步步接近自己的梦想。

2.**了解孩子的身心特点，再进行心理建设。** 父母常年不在身边的孩子，往往会出现不自信、胆怯、多虑、敏感等心理表现，他们对于自己的了解并不充分，对于外部世界的探索并不积极。

在这样的基础上，要对孩进行心理建设，我提出了“三早战略”——早预防、早发现与早干预。“早预防”就是多注意让孩子锻炼身体，同时学会悦纳、学会求助、学会客观看待事物等；“早发现”就是让孩子学会“状态自查”，其中包括身体状态、情绪状态、生活状态、学习状态、社交状态这五大状态；“早干预”就是及时发现孩子的心理问题，当出现抑郁、焦虑的心理或行为时，及时寻找心理咨询师或心理医生进行咨询求助。

3.**为孩子赋权，帮助他成为更好的自己。** 每一个孩子都应该被发现、被尊重、被信任、被理解、被支持，留守儿童也不例外。相比于其他孩子，留守儿童由于父母经常不在身边，他们的兴趣爱好没有被重视和保护，使得很多孩子变得不够自信和活泼，我们要做的就是让孩子看到自己的优势，增加信心。我在志愿者的培训中，跟家长交流时说，父母不要做一个滔滔不绝的“导游”，不要做一个评判是非的“法官”，也不要做一个勤于追问的“户口调查员”，而要做一个善于提问与聆听的“记者”，了解孩子的兴趣，激发孩子的潜能，帮助孩子成长。和以往的物质资助与精神鼓励不同，家长为自己的孩子“赋权”，引导孩子制订自己的计划，提升自己的技能，做好自己的选择，实现自己的梦想。

4.**打开心扉，寻找志同道合的伙伴。** 从亲子圈，到伙伴圈，再到社会圈。我们是这样走过来的，我们的孩子也是一样。我们与孩子保持联系，并不是让孩子对我们产生依赖，让孩子变得越来越离不开我们。相反，我们希望孩子越来越独立、越来越自信、越来越适应环境。这里有一条捷径，那就是让孩子们打开心扉，寻找志同道合的小伙伴，一起成长。在同辈群体中，孩子们也在互相学习，互相支持。引导孩子关注伙伴间的交往，提升人际交往的水平与技巧。善于交友，成长之路更好走。

5.**生活点滴，处处留有惊喜。**爱，是无条件的。我们为孩子准备的每一份礼物，孩子都会视为珍宝。我们可以给孩子准备一份藏宝图，让孩子动动脑筋才找到新铅笔盒；我们可以偷偷为他寄一份奖品，让他知道自己的努力父母都看得到；我们可以通过视频跟孩子玩个新学的亲子游戏，让孩子体会到我们带给他的快乐与惊喜。我们不在孩子身边，也要让孩子感觉到我们的存在，这会让孩子感受到安全感与幸福感，让他对生活充满自信与勇气。

爱孩子，就一定要让他知道，也一定要让他知道你需要他。

你有碎片化陪伴吗?

越来越多的家长意识到陪伴对于幼儿成长的重要性，但是迫于时间、精力等因素，仍然感到力不从心。尤其是职场妈妈，总担心自己陪伴孩子的时间不够，以至于在工作和家庭之间摇摆不定，既影响工作效率又没有给孩子好的陪伴。

我身边的很多朋友，他们问我最多的一个问题是：如何能够在最有限的时间里，实现有效的碎片化陪伴。什么是碎片化陪伴呢？就是能够抓住和孩子相处的点滴时光，通过亲子阅读、亲子游戏等多种互动形式，在增进亲子间情感的同时，提升孩子的全方位能力与社会交往经验的亲子教育形式。

很显然，陪伴不是一场即兴表演，而是一种生活方式。碎片化陪伴需要父母有科学前沿的育儿理念，需要父母学习相关的育儿、心理学甚至社会学知识，当然更需要积累育儿的经验。我无法在很短的时间内给大家系统讲解亲子沟通课程，但我相信可以领着大家进入碎片化陪伴的大门。

1.**碎片化陪伴需要全神贯注。** 有很多的家长在孩子求助或求关注时，经常会说一句话——你等一下。说这句话时虽然父母的身体在孩子身边，心却在别的地方。你是否有过一边使用手机一边做亲子游戏的经历？是否有过眼前是绘本插图心里却是业务报表的状况？因此，亲子陪伴的第一个要点便是全身心的、一心一意的陪伴。既然选择了亲子互动，就把其他的事务暂停一下。不专注的亲子互动，不仅会造成“低效”，还会破坏孩子的学习兴趣与学习习惯，并在社会交往经验方面带来负面的影响。他们也会从家长的态度与言语中学会敷衍与不真诚。

2.**碎片化陪伴有两个理念。** 尊重与信任。尊重就是给予孩子选择的空间与权力；信任则是允许孩子犯错误，同时给孩子改正错误的机会与时间。家长尊重孩子，孩子也就学会了尊重他人；家长信任孩子，孩子也就有了自信，也就更愿意去突破定式思维，更加勇敢地去追求梦想。

3.**高效陪伴有三个原则。** 安全度、灵活度与自由度。这三个原则体现了亲子教育与亲子互动的科学性，同时为高效陪伴提供了保障。先说安全度，即在互动中做好安全措施，在亲子陪伴中确保过程安全，同时在互动中渗透安全教育的内容；再说灵活度，通过儿童的兴趣随时调整互动教学计划，而不是让儿童一味地适应我们提出的要求；最后是自由度，允许孩子犯错，给予孩子自主成长的空间，当孩子在进行独立行动时不要强行干涉与指导。

4.**碎片化陪伴的时机与形式。** 如今社会发展日新月异，父母们都能感受到全方位的压力。我们很难说每天抽出固定的一段时间与孩子进行亲子教育或亲子互动，最好的方式就是碎片化陪伴。也就是说抓住生活中的点滴时光，创造机会和孩子互动交流。比如，醒来时的亲子运动，睡觉前的亲子阅读，接送路上的亲子沟通，用餐前的亲子游戏……儿童会用他们聪明的小脑袋，将美好的碎片时光自行拼接起来，拼成幸福的童年回忆。

再忙也不能忽视孩子的成长

小涂上高一了，特别关注考试排名。他不喜欢与他人打交道，并且蔑视、远离他认为行为习惯不好（如骂人、抄作业）的同学。在很多事情上他也表现出应付的态度，很少见他有特别乐意并坚持的事情。最近由于学业压力大，更是表现得极为狂躁，小涂总表示非常不喜欢自己上学的这所高中。据小涂的母亲透露，他是从高一军训与同学发生口角时产生了对学校不好的印象。本来小涂是准备全力以赴，留在原先的重点中学继续读高中，但由于中考的失误，他受到了很大的刺激，最终不得不选择现在的高中。小涂曾说过，现在所在学校的学生素质不高，不爱学习，有些同学还有抽烟的现象，这让他非常失望。

当了解了小涂的经历，你可能会觉得这个孩子活在一个理想中的世界，他希望在那个世界中的人都是善良的、纯粹的、德行高尚的，简单来说就是和他一样。他看不惯的事情太多，无论是同学抄作业、骂人这种“小事”，还是抽烟这种“大事”，他表现出了一个过度的“愤慨”。这种认知方面的偏执导致了他社交方面的挫折，因为很少有人能够符合他的标准，所以他不愿意与“不合格”的人交往。

小涂格外关注排名，这是什么原因呢？我的第一直觉是父母过于严厉。但事实上，在与小涂的父母进行交流之后，发现我的判断是错误的，学习的事情他们从来就没有过多关注，小涂从来就是自我要求很高，并且觉得只要自己努力就一定能成功。以“只要努力就一定能成功”这句话为线索，我推断，父母双方或者母亲一定总是给予小涂精神上的激励，用比较夸张的赞美之词去评价儿子，导致了小涂迷失自我，养成了功利性心理，并且高估了自己的能力。然而，我发现他们都不是善于表达的人，不会运用过度华丽的语言去评价儿子。那么，是什么原因导致了小涂格外、甚至是仅仅关注“排名”这件事情呢？

结合他的人际交往问题，让我有了新的方向。小涂正处在青春期，青春期的孩子开始学会“攀比”，开始关注他人对自己的评价，开始关注自己在同学心目中的位置与价值。很显然，小涂追求排名，恰恰是在追求一种优越感，好的排名可以给他带来强大的满足感与成就感。他对于排名的渴望恰恰说明，他的兴趣是狭窄的，他没有其他的兴奋来源。所以，这也就是他痛苦的源泉。

基于这个猜想，我与他的父母进行了深入访谈。小涂 3—6 岁的时候，母亲在医院评职称、连夜奋斗在一线，孩子主要由父亲带着。而父亲是一个沉默寡言的工程设计师，他不太善于与孩子交流，两人在家一天不说话也可以，错过了亲子交往“黄金期”，也不习惯走亲串友，更不要提与陌生人接触与交流了。到了孩子 6 岁之后，父母很少带他出去玩，也没有发现或挖掘孩子的兴趣与爱好，没有给孩子报一个特长班，导致他交际水平与其他小孩子逐渐拉开了距离。

我在想，如果 3—6 岁的时候，母亲没有那么拼命工作，就可以与孩子多交流，孩子的语言表达力与人际理解力一定不会像现在这么糟糕，虽然母亲本就没有太多语言沟通的技巧，但是母亲的陪伴同样可以给孩子更多的自信，母亲的说话方式多少也会给孩子以参考。

令人遗憾的是，小涂的父亲偏偏是一个兴趣非常狭窄的人，他没有以一种积极热情的姿态出现在孩子面前，没有主动为孩子去做一些示范，没有引导孩子去接触丰富多彩的世界。

由于父母双方的影响，小涂成为了今天封闭的小涂。我给他的父母提出了一些建议，当然只能是“亡羊补牢”之举：

其一，从关注学习到关注生活。我经常和家长们说，现在的孩子没有不知道学习重要的，班级墙壁的排名表与名言警句无时无刻不在暗示着孩子们，他们的压力很大。一回到家，家长就问“考试怎么样了？”“排第几啊？”这些话题真的在伤害亲子关系，孩子们认为大人们关心的只是成绩，而不是孩子本身。鉴于小涂的情况，我认为短时间内都不必去谈论学习话题，而是关注他的生活，比如“最近有什么活动？”“最喜欢哪个老师？”“同学间都流行什么呢？”类似这样的话题，可以引导像小涂一样封闭的孩子开阔兴趣视野，打通更广阔的渠道。

其二，增加社交机会，多见世面。既然之前少了一课，现在就要补回来。一方面加强亲子的沟通，一方面多与亲戚、邻居、朋友交流，让孩子与不同性格、脾气、职业的人接触，认识客观的世界，走出主观的世界。

其三，参与不同类型的活动，增强体验，享受过程。对于“急功近利”的孩子，我们不能再用设定计划的办法对他们进行治疗，而是让他们“无目的”地去做一些事情，让他们放松下来。比如滑一次雪，骑一次马，登一次山，通过不同的刺激，唤醒他们对于生活的好奇心。

其四，饲养一种动物。在与小涂的父母交流中，我听到了一个细节。孩子最喜欢的玩具是一只毛绒狗，高一的他甚至会抱着毛绒狗睡觉。事实上，这只毛绒狗是他们春游时，同学们一起比赛玩一个游艺项目，只有小涂获得了成功，得到了这个奖励，因此他格外珍惜这个奖品。所以我坚持让同样封闭的小涂父亲和他一起到户外多体验。养一只真的动物，是为了孩子有一种驾驭感与责任感，这同样是培养他对于生活的热爱。

这次咨询，让人感慨很深。父母对于孩子的影响是潜移默化的，一些教育的失误往往不会在眼前显现后果，而会在孩子青春期或者成人之后的时间集中爆发。可是又有多少家长，能停下劳苦奔波的脚步，去静静地想一想孩子到底需要什么呢？我只是希望父母能明白，人的一生中，有段时间是专属于我们和孩子的，我们应该牢牢抓住。

妈妈，请撒开孩子的手

每一个妈妈都应该知道，不仅孩子是一个独立的个体，我们也是一个独立的个体。我曾经跟我的母亲聊天，我说我最感谢您的不是您的教导，而是您的放手。这个放手里面承载着巨大的教育智慧，有对自己的尊重与信任，也有对孩子的尊重与信任。我们经常听到这样一种声音，说很多母亲非常伟大，为了孩子，放弃了自己的工作与事业，全身心的带娃陪娃，其实，这并不是一个很好的选择。我记得有一位全职妈妈在向我咨询时说过，她的孩子不理解她全天候的陪伴，还说将来一定不能成为一个像她妈妈一样待在家里的“废人”。

相反，妈妈的多样性，让她的生活充满价值感与成就感，也提高了她在孩子心目中的地位。孩子可以通过妈妈了解另一份职业，进而更多地认识社会。

母子关系，是一切关系的源头，正如裴斯泰洛奇所说，母亲是孩子未来关系的理想典范。母亲就是孩子的标杆，是孩子人生的参照物。心理学家发现，人的性格会随着年龄与环境有所变化，但总体的趋势却是越来越像自己的母亲。相较于母亲对于女儿，母亲对儿子来说有着更深层次的影响。儿子有一种本能，他们从小在寻找母亲对自己的要求与标准，并努力让自己符合这个标准，因为他不能让母亲失望，不能让母亲受到伤害。由此可知，许多男孩的焦虑源头其实来自母亲，但焦虑不完全是坏事，在达到母亲的期望的过程中，儿子逐渐由男孩转变成男人，更加符合社会期许，但如果母亲的要求与标准过于严厉与苛刻，必然造成儿子的心理负担，最终成为儿子长大后的心理隐患。

在学校的时候，我接待过一位高三年级学生的母亲。她的儿子在重点学校的实验班，高一、高二时成绩优良，到了高三成绩突然开始下滑，孩子自我感觉压力很大，总是要求自己必须名列前茅，然而没有丝毫效果。这位母亲询问我该如何给孩子减压。

当做过亲子教育研究之后，我在处理个案时有了自己的风格或者说方式，我会将家庭教育因素放在诊断的重要位置，我不会在一开场就提出，但是会渐渐引入到这个领域。在我考二级心理咨询师的时候，我就发现，几乎所有心理问题的造成有一个共同的原因：来访者或案主的童年都生活在一个严厉的家庭教育环境之中，至于严厉到什么程度，也与个人的心理承受度有关。

果不其然，这个案例中的主人公有着同样的问题，而且很典型。母亲是一个非常要强的人，她说自己不要求孩子一定要有很高的分数，但是一定要有很好的行为规范，她说孩子从小就做到很自律，比他父亲强。由此，我引出了这位母亲的心理症结，在她的心目中，丈夫没有完全符合自己的标准，所以她一定要让自己的儿子成为自己心目中那个“男人”的样子。以前我经常说，家长不应该用成人的标准要求孩子，而这位家长不只用成人的标准，而是用君子的标准在要求自己的儿子：行为规范、自律自强、有苦不说、有难自扛，岂止是君子，简直就是超人嘛！在她的自述中，她提到孩子从来不会求助，很少诉苦，这就证明了他处事的应对行为非常单一，基本上处于内化这一种形式，这对于排解心理困惑是非常不利的。

从弗洛伊德的观点看，人格分为本我、自我、超我三层次。这三个层次是人格的整合，缺一不可，这就是弗洛伊德最伟大的发现之一。中国的“君子”与外国的“超人”是一样的，只是一个好静，一个好动，都不是“正常人”。如果按照人格来说，君子与超人处在了超我的阶段，长期处于这个阶段属于心理高压状态，容易导致心理崩溃。所以很有可能在某一天，儿子实在承受不住心理压力的时候，说道："妈！究竟如何您才能满意呢？"

母亲之所以成为这样的母亲，和母亲的母亲有着很大的关系。果然，这位母亲儿时就接受了"正统"教育——正是现在她要求孩子做到的一切行为规范。我说好吧，就算您可以做到，但您的孩子也不一定会做到，因为人与人终究是不同的，再言，在当今社会这样做就是人才了吗？也不尽然，学会与人相处，可能比行为规范更加重要，处理不好人际关系，他的道路会非常孤独，非常坎坷。

很大程度上，母子关系决定人际关系，决定未来，决定幸福。在这个案例中，母亲始终是支配方，儿子是服从方，这种形式的后果是，儿子缺乏自我与自主。在一次谈话中，一位母亲对孩子说："你不要做公务员，没有发展，不要做商人，商人狡诈，你应该做个技术工作或工程师……"当我听到这句话，我心都碎了。360 行，被母亲砍掉了 180 行，孩子的选择余地变得狭窄，谁说公务员没有发展的？谁说商人不能善行天下了？母亲的一些错误认知概念直接影响到了孩子的独立判断与正常判断。

其间，还发生了一段小插曲，儿子可能暗恋上了自己的同桌女孩，儿子嫌母亲给儿子带水果的盒子不够干净，并希望母亲把水果切成小块。后来女孩和儿子不是同桌了，同桌换成了男孩，儿子就没有这个要求了。那位母亲一度怀疑是不是女孩影响了儿子，或者儿子受到了打击。我说这真是个好事情，那个女孩给了您儿子一次自己判断的机会，自己可以选择喜欢的人，自己可以为喜欢的人做点事情，我对那位母亲说："您还得感谢那个女孩儿呢！不要总是怕儿子受伤或摔跤，18岁之前一定要让他们'摔跤撞墙'，没有这种心理免疫，工作之后肯定受挫，成家之后也会不和谐，生了孩子当奶奶的还得操心。"她一笑，我接着说，"您以后可是要做婆婆的，儿媳妇是不是也要做您心目中的'君子'呢？儿子是听妈妈的还是听媳妇的呢？很多女孩可都是因为男孩是'妈宝'才分手的呀！"

听我说完，她也意识到自己的错误，觉得应该让儿子多做主。由于儿子距离高考还有50天，她向我"索取"速成的办法，我说没有速成办法。

她沉默了一会，又看了看我。

我告诉她，高考前，家长只需要做到这六条就行：不批评、不评价、不鼓励、不表扬、多微笑、听儿子指挥。这六条不过是让一个母亲渐渐淡出儿子的视线，因为你要有自信儿子永远不会忘记母亲的存在，但儿子也想证明自己的存在，请给他们一个机会吧。

孩子不是母亲的全部，也不是一部分。妈妈对于孩子的影响就像太阳对于地球，这样形容一点也不过分。但尽管如此，孩子是个独立的星球，它离不开太阳，围绕在太阳周围得到了温暖与安全。但是，它终究要成为一个新的太阳，只有这样它才更加强大。

有一种爱叫放手，这种放手既是对孩子的爱，也是对自己的爱，既帮助了孩子，也帮助了自己。妈妈一定要记住，你的人生是多种丰富的角色集合，有母亲，有女儿，有职场精英，还有兴趣达人，只有丰富，才能多彩。

对所有妈妈们来说，都是如此。

在孩子最需要陪伴的八年

孩子在社会化的过程中，便是向权威角色学习的过程。每一个年龄阶段，都有相对固定的权威角色，如 0—3 岁以母亲为中心的服从期教育，3—6 岁以父母、幼儿园老师为主导的协商期教育，6—10 岁以班主任老师或其他任课老师为中心的社会化时期，10—18 岁则以优秀的同学、各界明星、成功人士的多元化偶像自主选择时期。当父母坚持自己的教育理念，6 岁之后还充当教育权威角色，后果便是儿童的社会化发展迟滞，不利于儿童更好地融入社会，独立生活。

爱孩子，还是爱教育孩子？如果你选择前者，应该早早地做好放手的准备，而不是抓紧的安排。在这里，我想给大家介绍的“育儿五步”，方便家长朋友掌握好的教育节奏，维护好的亲子关系。这五步，分别是拽着走，拉着走，推着走，看着走，望着走。

1. 0—3 **岁拽着走。**啥叫拽着走？社会化是社会学专用术语，说得通俗一些，便是把动物变成人。动物世界比起人类世界少了很多规范和要求，因此作为0—3岁的儿童，实际上需要学习、模仿、受训方才真正具备人的意识与模样。因此，我也称这段时期为“服从期”，没有服从期的这段训练，儿童自然会在集体生活中违背规则甚至飞扬跋扈。这段时间的权威角色是母亲，父亲是政策的解读者、口令的示范者、关系的协调者，这里不再赘述。

2. 3—6岁**拉着走。**这段时间儿童进入了心理敏感期，孩子开始记事。重点是3—6岁儿童已经进入到协商期，他已经成为一个平等的家庭成员，很显然父母与孩子之间的关系从上下级变成了平级，我们可以围坐在圆桌旁，一起讨论柴米油盐，买车买房。在3—6岁阶段，是家长向孩子传递社会经验与社会交往技巧的最关键时期。

3. 6—8岁**推着走。**家长不再雄踞舞台中央，而是退居孩子的身后。为了让孩子能够尽早具备独立思考意识与独立行为能力，我们需要将权威角色让位给老师，并从权威者向协助者迅速转化。我们鼓励孩子拥有自己的理想，制订自己的目标，作为家长的我们不是领导，不做指导而更多的是帮助。

4. 8—10岁**看着走。**看着走，意味着我们给了孩子更多的信任、更多的空间，这也是为其独立思考与独立生活做准备。

《挠脚怪来了》一书就提及过育儿的八字箴言“少教多问，少做多看”，这个“多看”在这个阶段更为明显，保持一个安全距离，孩子也可以体会到家长对他的尊重。学习是渐进的，而教育则是减退的。那些勇往直前的教育，最后都真正伤害到了受教育者。

5. 10 **岁之后望着走。** 10 岁之后，需要我们继续拉大和孩子之间的“距离”，给予他们更多的空间与信任。听起来有些伤感，但事实上你只是换下了教育者的角色，而并没有换下父母的角色。而孩子讨厌的是说教的父母，不是关爱的父母。

学习与成长是“渐进”的，教育与关系是“渐远”的。当我在讲座中每每讲到这句话时，很多家长都流下了眼泪。“努力，什么时候都不晚！”——这句话并不适合陪伴孩子，当你想陪伴孩子的时候，往往已是你更需要孩子陪伴的时候了。

从“育儿五步”中你会发现，其实亲子关系是先紧后松，这个“紧”可能集中在了孩子 8 岁之前，8 岁之后的孩子会对我们产生一些小小的“嫌弃”，因为他们开始有自己的社会圈，我们应该给他们更大的空间。我们说的 8 岁前的陪伴，不是妈妈给孩子上早教课，而是一起生活＋高质量沟通＋碎片化互动。“教育即生活，生活即教育。”和孩子一起起床、洗漱、吃早餐、阅读、做家务、睡觉都是生活，教育蕴含在生活中；高质量沟通向孩子传递了生活方式、社会经验与社交技巧；碎片化互动就是利用有限的时间、更好的方法开展高质量的亲子互动。

这样一来，你会发现我们并不需要抛弃我们所有的兴趣与事业，在高质量陪娃的过程中，仍然可以高质量的工作。其实孩子们特别喜欢听我们讲工作的事情，他们应该了解我们的职业，了解大人的辛苦，但更应该感受到我们对于事业与梦想的积极心态。妈妈可以告诉孩子，自己在工作中也遇到过或大或小的困难，自己是怎样积极地面对，如何寻求帮助与合作，最终克服了难题。我相信这样的工作经历分享，会让孩子更加尊敬妈妈，也学会了坚韧不拔的奋斗精神。

从现在开始，让孩子和妈妈做游戏而不是和哥哥姐姐做游戏；让孩子听爸爸讲故事而不是听叔叔阿姨讲故事。

第四章

了解孩子　了解自己

——这样辅导不焦虑

对于21世纪父母的这一代人来说，我们的父母在我们年幼时似乎从未有过这样的困惑，因为我们小时候写作业都是自己完成，父母根本没有精力甚至时间督促我们写作业。作业，明明是孩子自己该操心的事情，但对现代年轻家长而言，几乎无一例外让父母更加焦虑。对于大多数并不懂得教育规律的家长而言，辅导学习、陪孩子写作业简直是一种煎熬，父母本能的控制欲和关心则会让这一家庭活动成为许多孩子的“噩梦”。所谓的陪孩子写作业，其实已经变成了父母在监视加逼迫孩子做作业。另外，父母的这种方式也严重破坏了孩子的自我意识，孩子和学习的有效链接被切断了，能量太多的损耗在这种拉扯中，严重阻碍了孩子学习的效率。

如何治愈年轻父母的这一焦虑，首先父母必须要有这样的认识：我们只是辅助孩子学习，因此不要跨界，做喧宾夺主、费力不讨好的事情。我们最终的目的是让孩子彻底明白，学习是自己责无旁贷的义务，就如同父母要上班一样。人活在这个世界上，不是为了被他人的意志所奴役的，哪怕那是自己的父母。人是为了活出自己的使命，活出自己的热情和创造力。

父母不要做孩子的家教

我今年32岁了，有个女儿7岁现在上一年级。平时孩子好动、很机灵，可是老师反映她上课时注意力不集中。放学回家读书时我发现一个现象，她上课时没有记住的一个字或英语单词发音，不管我怎么重复教她，她都很难记住，有时一个字或单词要教几十遍甚至上百遍才可以勉强记住。每天晚上我要花很久的时间教孩子读书，导致学习进度很慢，而且每天很晚才可以睡觉，我怕影响她休息，第二天上课受到影响……

上面这位妈妈所说的女儿的情况是非常常见的，像这位妈妈这样的家长也是非常常见的。一方面，受过高等教育的家长，正处在事业上升期，背负压力却勇往直前，要强奋进的心怎么能容忍自己的孩子落后于同龄的孩子？另一方面，刚上小学的孩子，环境发生了变化，从最初的无忧无虑到严格要求纪律，从自由发挥想象力到统一的教学考试，让孩子怎么能那么快适应呢？

妈妈和孩子都是“无辜”的，我去帮哪一方呢？ 在心理咨询上，我们把前来求助的人称作案主或来访人。 这意味着，其实在生活或工作中，妈妈更能感受到内心的痛苦，并希望把问题解决。 那么，我想，我要帮的人，应该是妈妈们。

从始至终，这位妈妈一直围绕着一种标准来评判孩子，如“很难记住”“勉强记住”“进度很慢”，这个标准是由妈妈自己制定的。 妈妈的这个标准也没有客观数值厘定，而是凭着自我的感觉。 最可怕的，是妈妈拿自己和孩子进行比较。 这就好比大象嫌小象力气小，老鹰怪小鹰飞得慢。“用成年人的标准要求孩子”是古今亲子教育的通病。 还记得揠苗助长的故事吗？ 我们的初衷都是伟大而善良的，而不当的行为却会真正伤害我们的孩子。

小孩子上课注意力不集中，平时好动又机灵。 这是多么正常的一个现象！ 刚刚上小学的孩子，头脑会时常浮现家庭的场景。 面对老师严肃的面孔，她更加想念妈妈亲和的笑容。 在很大程度上，小孩子的精神不集中表现了一种回避行为，即他们通过转移的方式来化解内心的矛盾。 另外，根据认知心理学的观点，精神不集中的孩子是因为大脑处理信息较快，所以这类孩子可以在很短时间内处理不同的事情，而精神集中的孩子就是我们常说的“反应慢”。 我觉得这种说法可以作为一种参考，并不绝对，但有一点是可以肯定的，人的反应是可以经过训练改变的。

像我们在公司单位一样，每一个人都有自己的职位，每一个职位都对应相应的职责。孩子的学习由谁负责？我敢说0—6岁是家长负责。6岁以后，就是孩子和教师共同承担的事情了。如果6岁之前，我们的孩子进行了丰富而合理的亲子教育，6岁就意味着他已经心理断乳了。孩子可以独立去思考自己的生活，并通过求助与咨询的方式实现自己的目标。妈妈在苦口婆心地教孩子学英语，显然是希望能够提高他的英文水平。如果妈妈超越了权限，既不能帮助到教师，也没有帮助到孩子。相反，可能还会给孩子产生一些错误认知：第一，学习就是我生活的全部，学习成绩不好生活就不会有意义了；第二，妈妈可以给我做一些辅导，上课的时候没听懂也没有关系。这种错误认知若根植在孩子的脑中，将会持续贯穿孩子的学业生涯。

对待孩子的学习，我建议妈妈们减少不必要的焦虑，做好以下几点：

首先，不要过多询问孩子的学习，多关心他的生活与爱好。一个人只有爱生活，才会更爱学习或工作。一个对生活都失去兴趣的人，也就失去了梦想，当然也就更加不重视实现梦想的手段——学习与工作。

其次，让孩子明白学习是自己的事情。我们可以首先以访谈的方式，展开我们对于学习的讨论。静下心来，把眼前的孩子当作一个“小大人”。“现在学习成绩不太理想，告诉妈妈你觉得是什么原因?”“有没有什么办法可以解决这个问题?”“妈妈有什么可以帮助你的?”“不要着急，只要你努力就好了!”这样的语言就像“踢皮球”，始终把球踢给孩子，让他意识到学习是自己的事情。不要给予孩子具体学习上的帮助，哪怕你是大学教授! 学校的教师与同学才是他去求助的最佳对象。在求助的过程中，孩子不但学会了知识，还学会了沟通。

第三，规律作息，养成良好的生活习惯。学习时间、休息和娱乐时间由孩子自己来规划，规划好了就要严格执行。这样一方面提高做事效率，一方面也让孩子有更强的自主意识，进而提高学习的积极性。

最后，想聊聊如何提高英语单词的记忆力。我不是英语老师，没有资格讲解具体方法。但是根据心理学关于记忆的研究，睡眠之前是最好的时段。孩子如果每晚 9 点睡觉的话，8 点 30 进行英语单词或其他背诵训练就足矣。由于睡前神经紧张于单词的记忆，睡眠时头脑会继续映射单词，大大提高记忆的效率。其他的时间，不要看单词，让他们多看看大自然吧!

洗衣先洗洗衣机，学习之前先分析

中国的广告比较考虑观众的接受能力，所以大多采用“简单重复式”或“一味重复式”。作为被动的受众，这种粗线条的信息让我们的头脑也变得简单了。偶尔有一些精彩的桥段，我们会误认为是电影，还有的时候会把它当作是一种啰唆。广告在我们眼中并没有公益宣传、理念革新、启发智慧的效用，不过是多媒体的一种营销方式。这致使我们比其他任何一个国家的观众越发地讨厌广告。可能听起来有些荒诞，我比较喜欢看广告，我认为好的广告会让我们在最短的时间抓住产品的精髓，甚至可以给我一些认知上的灵感。这是我最近关注的一则广告。一个小孩与父母的一段对白，内容大致如下：

父母：“吃饭之前要做什么啊？”

小孩：“吃饭之前要洗手。”

父母：“睡觉之前要做什么啊？”

小孩：“睡觉之前要刷牙。”

小孩（看见其母亲拿着衣服放进洗衣机）：“那洗衣服之前要做什么呢？”

全家（小孩、父母）：“洗衣之前先洗洗衣机！”

貌似搞笑，却是一个非常经典的市场推广。谁都知道饭前洗手，睡前刷牙，却很少有人注意操作洗衣机之前的准备工作，也就是洗衣机内部卫生问题。在精神分析流派当中，这种缺乏理性，却符合大众判断的心理现象就是社会无意识。很显然，我们的忽略，甚至是失误，受到强烈的外界干扰，而我们作为受众，成了被动的“受害者”。

为了洗出干净的衣服，我们就买功能强、效率高的洗衣机；为了孩子能考出好成绩，我们就给他们报重点班、请名师、上网校、购买各种考王宝典。我们受了“蛊惑”，忘了清洗洗衣机——忘了了解我们的孩子。一件衣服洗不干净，顶多浑身刺痒一阵子；一个孩子如果教育不当，却是长久甚至一生的痛苦。先了解孩子，再教育孩子，先教育自己，再教育孩子。我曾经在一次心理培训课上，对全场师生说，每个人生来都是一件残缺的瓷器，我们既要看到我们是瓷器，也要看到我们有残缺。在漫漫人生路上，有的人努力却不见结果，有的人却刚一努力，就获得了成功，这不是运气，而是因为对于自己了解的程度不同产生了不同的结果。一个人没有发挥自己最大的优势，必然难以获得成功。孩子未来成功与否，同样与对自己的了解、控制与行事息息相关。在孩子很小的时候，就让他意识到，自己是一个强大的资源库，在不排斥外界帮助的同时，更重要的是主动发掘自身的各种资源、优势和潜能。

针对学前或是刚刚入学的孩子，我觉得都有必要进行“学业分析”。“学业分析”本是我大学毕业时和校方商谈的大学生创业项目。由于个中原因，项目搁浅。现在想来，当时的思想超前、社会意识未免会买你的账。学业分析是指针对小学生、中学生甚至大学生的学业情况、身体素质、思维方式、创造能力进行系统的梳理，通过测试或谈话方式充分了解影响其学习的各种因素，并对于其中最差部分提出修补建议，对于发展方向也给予指导。我曾经在校外辅导机构做过咨询师，他们的一对一辅导模式给了我很深的印象。事实上，他们口头承诺的“买一赠七”，即签署一份辅导合同，会免费提供一个心理教师、一个教育咨询师、一个学业指导师、一个班主任、一份学习情况分析表、免费自习和免费答疑。实际上不过是吸引家长的一种方式，他们在没有充分了解孩子的情况下，就为他们配备了辅导教师。不过就是一个“豪华版”的家教模式！

正所谓“知己知彼，百战不殆”。我读书时有个习惯，先问自己有没有需要，再读序言看看这本书讲的是什么，最后再决定是否去读它。如果对一件事情自己没有判断，那必然会陷入一场混乱。如果之前对自己有过分析，那么就会在混乱中稳住阵脚，损失最小。“学业分析”也是一种学习方法，当我们在孩子很小的时候就培养这个习惯，长大后他就会具备未雨绸缪、三思而行的能力。

分析什么？简而言之，分析孩子已经拥有的和非常缺少的。当然不是广义上的拥有与缺少，而是与学习息息相关的元素。我大体总结了以下几个方面：

1.**学习状态。**学习状态指的是孩子发育的情况是否可以允许其接受当前的学习任务。在生理方面是否处于正常的发育水平，包括身体条件和智商情况，可以通过体检的方式得以了解。在心理方面，儿童的认知、情绪、行为是否符合正常的水准，这可以通过与周围孩子的活动去观察，也可以去心理诊所咨询。

2.**学习环境。**古有孟母三迁。其实孟母是一个典型的“富妈妈”形象。一些家长会花上一大笔储蓄，让孩子去外国“镀金”，就是想给孩子选择一个适合学习的地方。实际上，适合学习的地方是不存在的，因为学习就是为了更好地适应各种环境。然而，从另一方面去讲，环境对于孩子的影响是深远的，因为在很小的时候他们还不具备适应环境或者挑战环境的能力。我分别在不同的学校任教，据我观察，空间大的学校，孩子们反而更加有秩序，更懂得文明相待。也许，正是因为狭小，才给了孩子们一种莫名的恐惧感，才导致了一些不良行为。学习环境更多的包括教师的水平、同学的素质。父母和老师需要多加沟通，去了解孩子的全面表现。了解孩子的同学朋友，更是有助于对孩子的了解。

3.**学习习惯。** 孩子的学习习惯在很大程度上取决于父母。习惯就是方法的运用，没有好方法就没有好习惯。在日常生活中，孩子的学习方法是从父母那里获得的，有时候采取分享的方式，如亲子阅读、登山运动、做游戏等；有时候采取模仿的方式，如父母喜欢看的电视频道、父母之间谈话的姿态；还有的时候是以接受任务的方式，如要求孩子看书的时候关掉音乐，写完作业之后再去玩要等。总之，我们应该阶段性地进行一些总结，让孩子了解自己已经具备了哪些学习方法，并提供给他们更多。至于不好的习惯，不要去强化它，做“淡化”处理即可。

4.**学习能力。** 学习能力是源于已有的知识储备。在学“2”之前，必须先具备“1”的概念，否则，就会显得比周围人更加迟钝。也许正因为如此，家长疯狂给孩子进行知识上的恶补，恨不得在小学期间就要让孩子去学习初中难度的内容。可是学生的认知水平是有限的，他们只是采取了记忆的方式来处理知识，这对于思维方式的训练将是一种巨大的灾难。学习能力的梳理不是简单地罗列孩子已经具备的知识，因为这本身也是无用功。能力与习惯是一对孪生兄弟，习惯指的是学习行为，能力指的是学习心理，每一次学习的完成，都必须具备这两个方面的条件。一个被称作行为条件，一个被称作心理条件。让孩子多去接触、参与、体验不同的活动，他也就具备各种学习的能力，这是知识所不能替代的。

5.**学习态度。** 学习态度不必多讲。但是对于年幼的孩子，他们的学习态度也未必全是自己的责任。态度是一种个体倾向性，个体的态度仍然会受外界的诱导。如何让孩子觉得学习是一件非常有趣的事情，这是我们家长最重要的一门课程。让孩子不害怕学习，爱上学习，也是我作为教育工作者毕生的努力目标。

在孩子学习之前，有以上这五方面的全面了解，不愁他输在起跑线上；孩子如果在受教期间对自己总能如此晓得，不怕将来没有好的发展。话说回来，很多工作都是需要父母在孩子0—6岁期间铺垫的，一点儿也不奇怪了吧？

给望子成龙思想做做手术

父母在孩子学习上的过分关注，在辅导作业时看到孩子这道题做不对、那道题也不会、拖拉推延的态度等，这些所产生的焦虑往往与中国家长望子成龙的思想有着一定关联。

龙生龙，凤生凤，老鼠的孩子会打洞。读教育学、心理学、甚至遗传病学的人都会在学业过程中遇到类似这种中国俗语，然后莞尔一笑，感慨中国古人的智慧。外国人尤其是学者，非常注重实验与实证，即使眼睛看到了也不一定相信，而要在实验室里反复“折腾”，直到事实将自己的疑虑征服。因此，外国人不太喜欢轻易下结论。中国人似乎更容易受到从众效应的影响，一定要找到模范。这样一来，中国人做事情便会觉得稳妥，但不好的情况是，你顶多可以和你学习的对象一样，而不容易超越他。就像齐白石老人曾说的，学我者生，似我者死。此话真是中肯而一针见血。有时候我们是不敢去想，更多的时候我们是懒得去想。如果在公司里，领导觉得张三优秀，我就和张三一样，至少向张三靠拢。因此，在更多的时候，我们都在模仿，而没有在审视自己，致使自己的优势渐渐被自己忽略了。望子成龙是每个家长都有的情怀，龙是中国古代最神圣、最值得崇拜的图腾，而事实上并没有这样的生命。所以我想，望子成龙可能本身就是一个讽刺的成语，而到如今却成了大家都愿意接纳的词语。

我望子成龙，望女成凤，你管不着！对，其他人是没有资格过问别人家“内政”的，但是你听我一说，就会知道这种思想影响到的不只是一个家庭了。望子成龙在心理学上有一个专业术语，叫“过度期望”。具体表现是，不切实际地给孩子贴类似“完美”“神童”这样的标签，并经常打着“赏识教育”的旗号，在邻里友朋间炫耀自己的教育智慧与教育成果。这样做一方面可以鼓励孩子，另一方面其实是为自己争取时间——当孩子遇到问题进行求助的时候，家长可以轻松而满怀信任地表示：“孩子你能行，自己放手去做吧！”在孩子年幼时，他可能由于受到激励而完成了很多简单的任务，但却为日后的发展留下太深的隐患。

隐患一，缺乏沟通灵活性，导致社交焦虑。社交焦虑是美国人总结的当今人类面临的三大问题之一。美国人没有找出原因，我凭自己的学识，做了一个简单推断，原因可能就是美国的“赏识教育”。说起鼓励孩子，美国家长比起中国家长可以说是“老前辈”了。美国人善于和孩子交流情感，细腻的语言、温柔的抚摸、肯定的眼神，让孩子度过了一个温暖的童年。而这种简单的沟通方式在儿童心中深深扎根了，在他们的潜意识中沟通的对象都是这样的细腻、温柔。然而，当进入社会中，孩子发现人与人的沟通方式如此多样复杂，他人对自己的态度并不像父母一样和蔼可亲，顿时在内心世界中产生了焦虑与矛盾。缺乏社交经验的孩子显得局促而无奈，很多小孩因此患上了社交焦虑症。这让我想起了刘邦，这个汉朝的缔造者，儿童时期是个社会小混混，经常和各个岁数、各种品行的人都打过交道。突然有一天，他顿悟了，他开始利用自己已有的沟通经验去说服大家接受他的思想，听从他的指挥，成就了一番霸业。

儿童时期，要让孩子多去接触小伙伴，接触不同类型、不同职业的人。除此之外，一定要记住把孩子当成成年人去看待，既不轻视，也不宠溺，这才会让孩子对社会有一个正确的初印象。还是我说过的那句话，“把孩子当孩子，孩子永远是孩子”。

隐患二，错误认知，导致心理缺陷。从出生到青春期，儿童处于心理接受状态，一方面由于生理上的不成熟，另一方面环境只允许他们以服从的方式接受现状。无论是父母、亲戚、学校、社会都以类似“评价”的姿态，用“教育”的口吻，以“关心”作为借口，把儿童塑造成了一个“儿童”的样子。事实上，儿童也从这些评价、教育中认识了自己。怕就怕这个“自己”不是真正的自己。很多情况下，我们就是把儿童的问题像盖壶盖一样，暂时填埋了。当孩子青春期到来之后，这些问题就会以爆炸的方式向外喷射。很多家长说，青春期到了，孩子的问题太难办——而真实的情况是，这是家长在孩子童年时埋下的苦果，他自己都没有发现。一个被过度夸大的孩子，根本不能接受别人的负面评价，他的执拗来自童年时父母给的确切评价。就像大师阿德勒说的，母亲给的类似超人一样的不真实的评语，也为儿童未来生活埋下了深深的隐患。所以，一定要把真实的一面展示给孩子，客观地去评价孩子。在这里，我非常坚定地批判“赏识教育”！它会给孩子带来短期的成绩，却由于不了解儿童心理的发展规律，给孩子与家庭埋下了一颗“定时炸弹”，这是非常不负责任的。

认知偏差的儿童在青春期时会变得叛逆或无赖，严重的会导致人格障碍。无论在之后工作、交友、恋爱方面，都会表现出社交困难或社交强迫，同样也会在日常生活中给他人带来很多的麻烦。曾有报道某大学学生烧熊的例子大家应该不陌生，他的童年是在激励中度过的，也没有经历过太多挫折，一旦遇到了他能力不及的情况，也就采取了极端而可怕的举动。

教育是件大事，亲子教育是头等大事。我希望这也是我为和谐社会所做的一丝贡献，更祝福我们每一个家庭的宝贝们都能健康、快乐地成长。

幼小衔接的压力疏导

马上就要小学开学了，孩子们非但没有像家长想象的那么兴奋，反而有些不安，而且这种不安不会马上消除，还可能持续整个小学一年级。这就是“新生综合征”。他们还没有做好准备，却已经成为小学生了。我们会经常听到孩子在耳边念叨：“妈妈，小学什么样啊？”“爸爸，小学好玩吗？”当我和妻子把女儿带到小学门口，她又紧紧抱着妈妈的胳膊，眼睛瞅着校门，表现出一丝顾虑。当她上了小学，问题也更突出了，她对新环境一方面表现出了好奇，另一方面却是恐惧，因为这和她之前上的幼儿园太不一样了。

从幼儿园到小学是一个非常大的跨越，孩子们需要接受这个社会化的过程。这个过程会促使孩子进行思维方式与人际交往方式的转变，当然也就形成了压力。这个压力具体来自哪里呢？

1.**学习任务。**无疑，学习任务是呈梯度上升的。幼儿园时期是启蒙阶段，孩子们只需要体验，而没有知识与能力的目标。小学则不一样，每一节课都会有明确的学习任务。另外，从难度上来说，小学的学习更加系统而深入，已经习惯了幼儿园生活的孩子一时很难适应小学的学习任务。

2.**环境要求。** 是的，除了学习以外，学校里还有很多的纪律和作息制度。一些比较安静和乖巧的孩子可能比较容易适应学校生活，而一些调皮和好动的孩子往往感到负担。家长与教师也会给孩子提出很多期许，6 岁之前，我们都说："只要你每天健康、快乐地成长就足够了！"到了小学，我们开始越来越在乎孩子的学业成绩，总把成绩与排名挂在嘴边。家长与教师对于孩子的各方面要求，也会给孩子带来很大的压力。

3.**角色转换。** 在学前，儿童主要是围绕家庭进行活动，是家中的小公主与小王子，习惯性以自我为中心。进入小学之后，实际上是进入了集体生活，成为集体中的一分子。这时儿童不再被重点关照，教师也不会像父母一样加倍呵护一个人或者两个人。这种失落感同样会让孩子感到一丝不安。有很多孩子在学校里把教师当作父母，却发现并没有得到更多特殊的关爱。

4.**人际交往。** 一方面，孩子在幼儿园时认识的好朋友，大家各奔东西，会第一次体验朋友分别的痛苦；另一方面，进入新的环境又要结识新的朋友，在没有太多交往经验的情况下，孩子不知道如何去接近和接纳身边的伙伴。当然，很多人际交往的方法应该由家长来培养，这是学前非常重要的一课。此外，如何与老师相处，也是孩子非常头疼的一件事情，他们会发现班主任与幼儿园的教师有着太多的不同。

5.**精力分配。**到了学校，孩子的作息变成朝七晚四，大部分时间是在学校度过的。在学前，吃饭、睡觉与游戏总是被家长一手料理，而成了小学生，时间的分配多了，选择的余地也大了。除了上课学习以外，学校还会有很多的活动、比赛，哪一个是主要的？哪一个是次要的？哪一个需要先完成？由于孩子缺乏生活经验，往往会比较困惑。

以上五点是普遍存在的问题，家长们需要格外关注。于是，妈妈们的焦虑又来了，如何做好幼小衔接是非常重要的社会性课题。由于当前教育系统中没有幼小衔接的课程，幼儿园也严禁教授小学知识，父母们担心孩子进入小学之后难以适应小学学习，往往会在幼小衔接的问题上产生焦虑。是不是该报辅导班，如何辅导孩子幼小衔接的课程，这些压力也完全不亚于小学阶段辅导孩子的作业。妈妈们可以试试下面一些方法，对孩子尽早适应小学生活可能会有帮助。

其一，观察与倾听。观察其实就是关注，及时发现孩子的情绪变化。倾听是最好的方法，在咨询心理学看来，社会支持系统是预防心理问题的有效途径。家长恰恰是儿童最强的社会支持系统，多去倾听孩子的烦恼，本身就是对孩子最大的支持。

其二，客观描述，情景预设。很多时候，不适应环境是因为没有经验，缺乏心理准备。在出现特殊情况如同学之间有矛盾、考试失利等，孩子不知道如何去应对，这就需要家长做一下学校生活的“客观描述”，将学校生活可能遇到的方方面面，不夸张也不隐瞒地告诉孩子，让孩子心中有数，具备“心理免疫力”。一旦发生了类似问题，也就不至于慌张。

其三，铺设愿景，树立梦想。愿景是一个人希望实现的状态与情景，愿景教育就是通过帮助儿童一起建立他所期望的愿景，让他的努力与愿景紧密相连。简单来说，就是让愿景成为孩子学习与发展的动力。“在小学中，你希望自己是什么样子？”当然，建立的前提有二，一个是前面提到的对学校生活“客观描述”；另一个则是多带孩子去户外参观游览，增长见闻。

幼小衔接是非常重要的，除了家长以外，学校也应该引起足够重视。现在，按照教育部门的规定，每个中小学都要配备专业心理教师。新生入学时，心理教师应该对所有学生进行集体培训，对待性格孤僻、性情暴躁的学生更要格外关注与照顾。及时发现孩子不适应的情况，及时进行个案咨询与团体辅导。

穷富不是养育孩子的关键

每个妈妈都想给孩子最好的，不想让孩子输在起跑线上，无论是在物质上还是精神上。因此关于穷养富养的话题常常让妈妈们感到无所适从。

中国有一句老话：男孩穷养，女孩富养。从经验的角度来说，这应该是民间的教养知识。姑且不论这句话是否科学，我们可以看到字里行间透露出百姓的生活智慧：将儿童教育或教养按照性别来划分，即关注男孩与女孩之间教育的区别，就是一种科学的视角。性别教育是西方比较晚些提出的科学概念，可见我国的劳动人民又是在很早以前便先人一步了。

一种文化用语的提出，必然经历了一段很长的“测试”阶段，当一代代人的生活经验验证了这句文化用语，它也就成了大家的共识。为什么会出现男孩穷养，女孩富养这样的说法呢？

首先，我们要了解男孩与女孩是两种不同的社会角色，社会对于不同的角色有着不同的期望，当然这种期望也就是家长的教育目标了。我们普遍希望男孩子能够吃苦耐劳、拼搏奋斗，通过一次次的挫折，变得更加坚强，成为栋梁，顶天立地；我们普遍希望女孩子知书达理、自信自爱，温柔大方，恋爱上不会因为一点小事被蒙骗，结婚也能够体面大方地嫁给自己心爱的人。一些反面的典型案例也加深了人们对这条“真理”的信奉：从小被溺爱的男明星出现了吸毒事件、家境贫寒的女大学生被包养或甘做“小三”……当这些社会问题与社会现象摆在我们家长面前，我们能够做的自然是把孩子教育好，预防成为社会问题的主角。

问题是，穷养儿子，富养女儿真的可以避免社会问题吗?其实不然，我们同样会在媒体上找到男孩因为家境贫寒、感到自卑而做出反社会的行为，也都听过“败家女”在网上炫富甚至参与违法的案件。因此，我们首先可以肯定的是，这条并不是“真理”，不能够当作亲子教育的原则去遵从。

事实上性别教育是合理的，更是有针对性的。穷养与富养并不是性别教育的范畴，而是财商教育与幸福教育的范畴。财商教育即父母帮助孩子正确看待财富与物质享受，树立积极的金钱观，学会合理处理个人财物。幸福教育则是父母帮助孩子建立正确的幸福观，掌握获取幸福的能力，体验幸福与学会感恩，甚至包括如何给他人带来幸福等。对于财商教育与幸福教育，我觉得不存在男女之别，都是亲子教育的重点课程。无论是男孩还是女孩，将来都要成为社会成员，所以必须要经历一个社会化的过程。而在社会化过程中，有三点非常重要，即儿童的生理需要得到满足，智力上需要成熟，社会适应性需要加强。这三点的工作当然是家长教育孩子的责任，但就像标题所言，我们并没有看到穷养富养在其中起到了关键性的作用。也就是说，物质供给对于儿童的幸福而言并没有起到决定性的作用。孩子幸福与否取决于亲子教育的“穷富”，而不是物质满足的“穷富”。

那么，我们站在亲子教育的角度，如何看待“物质满足”呢？明白了以下这几点，妈妈们完全不必再焦虑物质上是否富养的问题了。

1.**有条件的满足与无条件的爱。**爱是不分穷富的，爱的多少自然不能按穷富去衡量。爱一个孩子并不是靠投入财物的多少来计算，我相信每一个家长都是百分百爱自己的孩子。我们要明确，或者说区分一对重要的概念，就是“满足”与“爱”。家长在长期“物质供给”过程中，往往容易迷失方向，将这对概念混淆。“满足”是儿童向父母提出来的物质或情感要求；“爱”是家长主动向儿童提供的物质与情感。我们经常听到孩子会说“爸爸，我想要玩具！”“妈妈，我想去游乐园！”当孩子提出了这样的要求时，我们如果多次直接答应，那便是一种错误的“富养”。因为，我们需要让孩子明白，人的欲求满足需要通过个人努力，而不是仅凭一句话就可以实现。我们可以为孩子的满足设置“条件”，比如学习的努力程度或者改掉某个恶习。而爱则是另一个问题，我们可以无偿提供给孩子喜欢的东西，这出于自愿，出于爱的表达。很多家长给爱设了条件，还以为是好的教育方法，这实在是大错特错。我有一个朋友，她特别喜欢这样说：“儿子，如果你考试进了前三名，我就带你去国外玩！”这样一来，在孩子心中，爱不是无偿的，是需要交换的，反而伤害了亲子关系。我们可以通过陪伴、沟通表达我们的爱，也可以通过特殊日子给孩子小礼物来表达对孩子的爱。爱与满足是交替进行的，切不可单纯使用一个。这应该是“富养”的一种方法。

2.**物质供养要符合家庭实际情况。**我们常说的富养和穷养，其实存在着和其他家庭比较的意味。买一件普通的羽绒服，和买一件名牌的羽绒服，哪一种是富养呢？答案是显而易见的。那么，哪一种表达了父母的爱呢？事实上在不同的家庭中，父母送给孩子的羽绒服都充分表达了父母的爱。在一个家庭中，家长为孩子提供物质保障是父母的职责所在，但一定要记住“物质供养要符合家庭实际情况”。富裕的家庭不会让孩子紧衣缩食，普通的家庭也不应该铺张浪费。我相信，就算家庭情况不是那么富裕也应该让孩子充分了解家庭的收入情况，这种坦白不会让孩子产生自卑心理，相反他们会产生强大的家庭认同与归属感，也会更加成熟。与此展开，我认为家长应该多与孩子交流财富的来源，让孩子们了解生活不易的同时，积极地去引导孩子了解父母的艰苦奋斗的精神，从源头上杜绝孩子崇尚物质享受的思想，发扬努力拼搏的精神。有些家长喜欢表达“我供着你吃，供着你穿，你就应该好好学习！”这样的沟通是不对等的，孩子也不愿意接受这样的指责，甚至会觉得家长过于看重物质，而无视孩子内心的感受，由此孩子也容易变成注重物质的人。这也可以视为一种“富养”的方法。

3.**倡导个人梦想与独立奋斗。**物质依赖是儿童成长过程中的一大拦路虎，很多儿童由于过多地追求物质享受，而影响了其人格的成长与潜能的开发。我遇到过很多类似的案例，孩子由于经不住物质的诱惑，总是向父母要钱，不给甚至去偷父母的钱，偷同学的钱。我们的梦想是希望孩子成为一个独立自主的个体，那么就需要儿童首先在人格上得到独立，我们要鼓励儿童进行自我思考，建设自己的梦想并为之奋斗。科学研究表明，儿童在3岁之前是特别注重物质依赖的，而在3岁之后，儿童渴望通过自己的“创造”或“发明”获得成就感。家长需要在孩子3岁之后的时间里，为孩子提供展现自己风采的机会，而不是一味地通过物质进行刺激，这样会抑制儿童的智力发展。帮助孩子建立自己的计划或梦想，从一个“主导人”的身份向“协助人”的身份过渡，从而让儿童实现人格上的健全与独立。这也是“富养”的一种方法。

4.**奖励的不是出色的结果，而是努力的过程。**很多家长喜欢对孩子进行物质奖励，一方面表达自己的“爱”与“好心情”，另一方面也希望孩子可以继续取得同样出色的成绩。我经常看到有些家长喜欢用美食、旅游、玩具等奖励考试成绩出色的孩子，这样做的结果有两个：一个是孩子会继续考取好成绩；另一个是孩子会主动提出想要某个“奖励”——我称之为“奖品依赖症”。穷养的孩子依赖于文具玩具，富养的孩子依赖于奢侈用品。但是从危害的角度来说，两者的效果是一样的。孩子从此重视物品奖励，而看淡了学习过程本身。有一个所谓的词叫“赏勤罚懒”，说得真是一语中的。孩子取得了成绩，本身就是获得成就感，为什么还需要物质奖励呢？这是对孩子取得劳动成果的误导！最应该奖励的是孩子在通往目标的努力过程，我们看到了他的努力、他的挫折、他的坚持，这才是家长应该关注的重点。

5.**勤俭节约与资源优化。** 勤俭节约是中华传统美德，同样也是儿童从小需要培养的好习惯。勤俭节约的人符合社会规范，在社会上更会受到大家的喜欢。随着时代的进步，人们越来越迫切地追求更好的生活，这一点其实无可厚非，但是有一种不好的思潮，却在影响着我们的孩子——贵的就是好的，最贵的就是最好的。我遇到过这样一个案例，一位中学生的妈妈向我咨询，女儿什么都喜欢最贵的，由于家中条件不错，所以妈妈一直满足她，但随着孩子长大，她发现女儿的要求变成了“无底洞”，成为她的一块心病。孩子大了，其实道理可以讲明白，举个例子：如果你问孩子中午想吃西餐还是拉面，大部分孩子肯定会选择贵的，但是如果你告诉孩子，今天出行的费用是有限的，如果我们选择了西餐下午就只能回家，而选择了拉面我们下午还可以去一趟海洋馆玩，这样孩子会怎样选择呢？孩子就会思考，因为这是一个资源优化配置的问题，我们的资源或者说财物是有限的，如果家长不说，很多孩子会认为是无限的。就像我前面所说，我们需要让孩子了解自家的家庭情况与父母挣钱的不易，同时在消费习惯上也要讲究科学理性，不能给孩子留下“瞎花钱”或“有求必应”的印象。

以上建议是针对于物质供养方面的亲子教育。

针对性别教育，美国教育界提出了“双性化”的教育概念，即不过分强调性别的差异，培养孩子两个性别的优势与特长，倡导男生女生互相学习，认为这样的孩子在未来社会中更容易与人相处，也更容易受到他人的喜爱。我对这个观点并不能完全赞同，如果“双性化”教育针对的是传统文化中狭隘的性别角色定义，如男孩的“勇敢”，女孩的“温柔”，那么我觉得这个教育概念是正确的。但是不强调性别的差异显然是不对的。性别之间仍然存在着巨大的差异，一方面是社会规范，另一方面是生理基础。如果将男生女生按照同样的教养方法去对待，很容易造成孩子的性别混淆。相信会有越来越多的中国学者也会加入到性别教育的讨论中，解开不同性别孩子的教养之谜。

为幸福建立渠道

我在北京某小学做过问卷调查，问孩子感到最烦恼的事情是什么。结果，“上各种各样兴趣班”高居 TOP10 榜首。没有兴趣上兴趣班，成了孩子们的共识。问题不在孩子，而在家长。在没有充分了解孩子自身特点与兴趣取向的情况下，按照家长个人的过度期望与社会导向，从容却不淡定地给孩子报了钢琴班、画画班、奥数班、英语班以及各种早教班。结果，不是激发了孩子的潜能，而是满足了家长的一丝丝虚荣。“人家孩子学了什么，我们也得学什么，绝不能让孩子输在起跑线上！”

我总觉得，中国的孩子被父母的爱“绑架”了，有自己的想法便是不孝敬，挣脱缰绳简直就是造反。为什么我们非要减肥？为什么我们非要让孩子上兴趣班呢？答案是，只有这样，我们才能感到“幸福”。只有达到了一定的社会标准我们才能幸福，这种给“幸福”上纲上线的做法，是我们不容易幸福的原因之一。有意思的是，社会标准往往要高于个人标准，你的个人标准是做个“贤妻良母”，社会标准则是“贤妻良母＋白富美”，这着实让人揪心焦虑，因为贤妻良母可能就已经很难做到，后者简直就是泯灭人性的挑战！没办法，为了迎合这个社会还有周围的人，终究要调整自己的标准，而在调整的那一刻，就已经开始不幸福了。

有一则故事，说的是一名诺贝尔奖得主到瑞典去参加颁奖典礼。一天在酒店里，他灵光一现，拿起手电筒对着墙壁画起了壁画，自己觉得非常有意思，也很快乐。不一会儿，瑞典警察上楼巡查，没想到做出这样天真幼稚行为的人，竟然是一位诺贝尔奖的获得者。这个故事其实并不是想说这位大师有多少功德成就，而是想告诉大家快乐其实是很简单的，幸福也是。我终于明白了造成不幸福感的另一个原因，那就是缺乏“幸福渠道”。从商的人都知道，你有产品，有受众还不行，只有建立产品与受众之间的桥梁，产品才能顺利地销往市场。幸福也一样，你想获得它，就要先建立不同的桥梁，而不只是一座桥梁。当某座桥梁断裂之后，也会有其他桥梁通往幸福的彼岸。一个减肥的人树立了明确的目标，这本身没有错，错就错在只把幸福的赌注放在了“减肥成功”这一件事情上。我跟一位生完宝宝后，马上开始减肥的年轻妈妈说过，如果只是把视野定在吃与不吃、减与不减上，很难获得幸福感，还要多关注其他的方面。

还有一种说法，认为成功＝幸福，并认为成功的人是幸福的人。我看未必，如果非要说两者有什么关系，我倒觉得幸福的人其实是成功的人。苏格拉底说过，幸福就是自足。有一种哲学，胜过世上一切草木星光，那就是幸福。

从现在开始，将社会标准降到个人标准，从社会兴趣回归到个人兴趣，拓宽自己的“幸福渠道”，做一个简单、幸福的人。

第五章

做好沟通桥梁　建立家庭文化

——解决隔代教育困扰

在中国社会的国情下，年轻父母在工作和生活上的压力都是极大的，大部分家庭很难承受只有一个人工作来支撑家庭经济来源的情况。许多爸爸妈妈在孩子出生不到1岁便投入工作之中，把孩子放在家里由自己的父母辈照看，晚上下班后才能回家照顾孩子；有的甚至成为“周末父母”，将孩子完全交给老人照顾，只有周末才能回到家陪伴和照顾孩子。

年轻父母迫于无奈必须将孩子交给父母辈来照看，但对祖辈教养子女的现实表现出普遍的担心和焦虑。老人虽然细心周到，但是育儿观念老旧，这种传统的育儿观和育儿方法与年轻父母的现代育儿理念产生了冲突，老人又很难转变观念跟上年轻人的步伐。此外，祖辈对孩子的娇宠溺爱也会引发很多问题。年轻父母在与祖辈沟通过程中，因文化代沟或者碍于长幼关系，往往导致沟通不到位、家庭冲突普遍、亲子隔阂严重等问题。

凡事都有利有弊。隔代教育对孩子的影响是好是坏，主要靠家庭成员的沟通和学习，尤其是年轻父母应该起到主导作用。本章将聚焦隔代教育这一话题，探讨如何缓解妈妈们的隔代教育焦虑。

谈谈隔代教育

有一次，我接受《时尚育儿》的专访，和编辑 Ricky 谈了谈关于隔代教育的话题，希望能给妈妈们一些启发。隔代教育在现今已经成为一种普遍情况，我们无法回避它的优势与不足，只能直面并且去完善它。

随着“6+1”的教育模式渐渐进入很多家庭，隔代教育的弊端也显现出来，并越来越引起社会和家长们的关注。其实，如果说隔代教育是目前国内家庭教育不可避免的一种方式，何不“取其精华，去其糟粕”，也就是说换一种思考维度，考虑发挥祖辈的优势，使祖辈在走出误区、与时俱进的同时，利用自己独特的方式教育好孙辈。

1.**隔代教育 4 个误区。** 祖辈多是“感性爱”，很少有老人会去花时间研究不同阶段孩子的心理发展规律，从科学角度给予适当的教育方式。这与祖辈所处的时代有关，因为他们所处时代的知识传播角度、所受的教育以及接收到的信息和年轻父母不一样，因此比较容易陷入隔代教育的误区。

误区 1，过分满足孩子的物质需求——要什么给什么；

误区 2，过分严厉或溺爱——传统的管教方法；

误区 3，孩子缺乏归属感——过早离开父母，容易使孩子与父母产生隔阂；

误区 4，剥夺孩子的独立性——舍不得让孩子“亲力亲为”。

我国的隔代教育现状，可以通过一些数据来了解：

70％：目前在北京，多达 70％的孩子在接受隔代教育。

60％：家庭教育调查结果显示，孩子上幼儿园前主要由祖辈照看的占 60％；幼儿园放学后主要由祖辈照看的占 50％。

95％：在隔代教育的家庭中，有 95％以上的老人没有学习过教育孙辈的知识。

6：在隔代教育中有 6 个典型的溺爱习惯，即过分关注、过分保护、过分袒护、哭就满足、甘当“保姆”、软话央求。

30％：由祖辈对孩子的教育中，30％的教育是“不成功”的教育。隔代教育存在的弊端是引起这一结果的主要原因。

80％：绝大多数的年轻父母与老人在教育孩子方面或多或少都存在着矛盾。当和老人意见出现分歧和冲突时，80％的年轻父母想极力说服老人，孩子却表示不知道该听谁的。

2.5 大方式造就孩子未来

（1）做“桥梁”，建立好亲子关系。孩子在 3 岁前是建立母子依恋关系的关键期，孩子在心理上仍然没有“断奶”，仍依赖爸爸妈妈的关爱。特别在孩子上幼儿园之前，祖辈帮忙照看孩子时可以充分发挥“桥梁”的作用，帮助协调好孩子与父母之间的关系，并经常与孩子的父母沟通，与孩子父母的教育观保持一致。

（2）丰富孩子的传统文化。老人有着丰富的中国传统文化知识，这一点是许多应试教育培养出的年轻父母所不具备的。因此，老人照看孙辈的时候可以给孩子讲一些中国传统的民俗故事、戏曲故事，这样既拓展了孩子的视野，又丰富了孩子的阅历；有特殊“手艺”的老人还可以教孩子做做手工，培养其兴趣爱好，比如剪纸、布艺或者风筝等，让孩子变得心灵手巧。

（3）培养孩子正确的道德观。“明事理，晓大义”一直是千百年来中国传统道德标准的基本要求，但真正要让孩子做到这一点，不花费点时间和精力恐怕难以达到，而时间宽裕的老人恰好可以帮助父母实现。老人有着丰富的阅历，不会以说教方式来教育孙辈，代之的是以婉转生动的形式来告诉他们何为是非对错。

（4）正确使用偏方，尊重父母的科学方法。在祖辈所处的年代，医疗卫生条件远远比不上现在，他们小的时候生病，常见的方式是用民间偏方加以调理，因此其间也会经常发生滥用偏方的事情。因此，在带孩子的过程中容易出现老人看到孩子生病，会建议使用过去流传下来的偏方调治。对此，老人可与年轻的父母商量，避免错用，因为年轻的父母在接受新的信息时会作出理性、科学的判断。

（5）"感统"训练，与时俱进。不少年轻父母在让老人帮忙带孩子时，最担心的就是老人的知识跟不上时代的需要，不能以先进的育儿理念教育孩子，这就需要老人首先打破固有的思维模式，用宽容的心态接受科学和民主的育儿方式。比如，0—3 岁的孩子因感觉和知觉正处在快速发展阶段，老人可以通过"感统训练法"，即通过游戏、运动与奖励结合的方式让孩子在看似玩的过程中，养成积极、独立与自信的性格。

祖孙亲情是人类最亲、最纯的一种情感关系，尽管隔代教育中不乏传统误区，但只要老人们避免过度宠爱或严厉的方式，代之以积极的心态吸取新的信息和科学知识，加强与年轻家长的交流与互动，发挥老人的智慧和优势，隔代教育同样可以培养出优秀的孩子。

家务劳动是性价比最高的亲子互动

“你不用扫地，去干你该干的事情！”“你要是这次考不好，我就罚你做一个礼拜家务！”“我一天到晚做家务，你考这点分儿对得起我吗？”我在准备写这篇文章之前，脑子里闪现出这样一组组话语——我想，是时候给家务劳动“平反”了。

当你听到“劳动”这两个字的时候，第一反应是什么？阶级斗争？劳苦大众？脏活累活？或者高级劳动与低级劳动？脑力劳动与体力劳动？……我渐渐发现，除了过五一劳动节的时候我们会用到这个词，在日常生活中已经很少再提及这个曾经处于中国人思想核心的词语了。劳动是如此的抽象，又是如此的中性，让我们可以忘记它的存在。在中国人，尤其是很多中国家长的眼中，劳动与“大老粗”是画等号的，知识可以改变命运，却从没有人说劳动可以改变命运。有趣的是，成功人士在介绍自己的成功经验时，也往往会强调知识和理念，却很少大谈特谈自己在背后付出的艰辛劳动……

知识总是给人以“高大上”的感觉，劳动却让人觉得不足挂齿。

我们为什么不幸福？ 这个问题我想了很多年，我在与很多朋友进行深度访谈之后，得出了一个结论——我们不幸福，是因为我们不欣赏自己的劳动。 我毕业后到一所公立学校工作，而后由于“世界很大，想出去走走”， 便去到一家出版社做少儿出版工作。 到了出版社，很多同事们就对我的选择表示不解：“学校多好呀，怎么选择来这儿了呢？ 你看，学校有寒假暑假，也不用出差！”听到这些话，我有些发懵，但仍然坚持做了 3 年，后来由于明确了自己的亲子教育工作方向，便辞职再一次到了一所中学任职。 到了那里，新同事又来到我的身边，对我的选择表示好奇：“出版社多好呀，听着就觉得高大上！ 能认识很多作家吧？ 来这儿干什么啊？”听了这些话，我恍然大悟，原来许多人都不满意自己正在从事的工作，都对于自己未曾接触且不了解的工作表示向往和欣赏。 于是，为了让大家心态平和，我跟大家分享了各种工作的苦衷，听完大家忍俊不禁。

我还做了一个非常有意思的统计，可能不是那么权威。教师的孩子大多有 4 个毛病：懒惰、邋遢、磨蹭、盲目，这确实与老师的劳动性质有关——大人过多的说教与指挥，小孩过少的自主判断与挫折体验。这还不是最震惊的发现，最让我震惊的是教师在谈到自己孩子的择业时，几乎100%不希望自己的孩子继续做教师。我在采访不同行业人员，包括银行职员、媒体记者、公务员、程序员等，也得到了类似的结果。所以，你又会理解这样一个答案：大家对自己工作的不认同。许多中国的家长把希望寄托在自己的孩子身上，希望孩子不要成为像自己一样的劳动者——虽然，他们也不一定清楚孩子应该成为什么样的劳动者。家长们只知道孩子要努力学习，才能改变命运，考全班第一就比考全班第五更有希望。在他们拼命要求自己孩子的同时，也意味着他们不再追求自己的梦想，已经放弃了对自己的改变。大人们把对自己现状不满的内心压力转移到孩子身上，孩子的成绩成了他们的焦点与赌注。更有荒唐的家长，把“万般皆下品，唯有读书高”之语挂在嘴边，让孩子放弃一切兴趣爱好，一门心思只放在功课考试上。家务劳动成了耽误学习成绩、浪费时间的事情，以此为说法，逼迫孩子刻苦读书。

分数能不能改变人的命运，我们不做深谈，但至少有一点，我们从高考趋势改革能够看出未来人才需求的端倪——社会需要的是具有综合素养的人才，这个素养便包括劳动意识与劳动能力。从这一点讲，家务劳动就是培养孩子这方面素养的最好的亲子互动形式。

1.**家务劳动增进亲子情感。**任何的亲子互动都可以增进亲子情感，家务劳动也不例外。父母为孩子分配简单的工作，是对孩子极大的信任。孩子也非常情愿与家长一道完成各种“有趣的”任务。

2.**家务劳动产生家庭责任感。**怎样能产生家庭责任感？只有参与家庭生活，成为家庭的共建者，才能体会到价值感与责任感。责任感不一定体现在做出什么惊天动地的大事，只要心中有家庭、能够从家庭的角度考虑问题，便是具备家庭的责任感。

3.**家务劳动激发合作与团结意识。**在家庭劳动面前，人人平等。孩子与家长的共同目标，是让这个家变得干净、有序、美丽。这个目标靠一个人是完成不了的，需要每一个家庭成员共同配合完成，这也训练了孩子的团队协作能力。

4.**家务劳动培养良好的行为习惯。**在家务劳动中可以告诉孩子，什么事情可以做，什么事情不可以做，什么事情可以坚持去做。“好的行为多了，坏的毛病便减少了”，心理咨询也常常用这样的思路与方法来处理孩子的一些问题行为。

5.**家务劳动推动孩子的社会化。**家庭是孩子的社会化场所，通过什么让孩子接受社会规范与文化呢？简单粗暴的说教，不利于孩子接受社会文化；共同的社会劳动却让孩子很容易明白社会规范与人之常情。参与家务劳动，必将影响孩子的一生——爱劳动的人总是招人喜欢的。

我的女儿不到 1 岁时，便喜欢坐在学步车里拿着扫帚“扫着玩”；2 岁的时候她便与妈妈一起在卫生间“洗衣服”，3 岁的她已经成了真正的劳动者，愿意和外婆一起择菜、自己收拾碗筷、扔垃圾……她并没有觉得劳动是一件麻烦的事情，反而乐在其中！

亲子教育对于爷爷奶奶来说，更是一种非常陌生的教育理念与教育形式，但我们也惊喜地发现，很多爷爷奶奶也从短视频中学会了如何与自己的孙子孙女一起做游戏、读绘本。在疫情前，我曾经为一些老人们普及亲子教育与亲子互动，他们非常愿意接受新的教育方式，觉得可以和自己的孙子孙女玩在一起是人生最大的幸福。亲子教育依靠亲子互动，什么是亲子互动呢？亲子游戏是，亲子阅读是，其实家务劳动是性价比最高的亲子互动。

年轻人一提到隔代教育就发愁，妈妈总是担心老人不会教，其实会不会教，不是重点，会不会一起互动，才是关键。老人就算不擅长亲子游戏和亲子阅读，也一定会家务劳动，想方设法让孩子一点一点地参与到家务劳动中来，既培养责任感，又锻炼综合能力。老人也可以逐步教会孩子择菜、折衣服、擦桌子、扫地等劳动。老人的耐心会让孩子更加自信，老人的经验会让孩子更加有智慧。在参与家务劳动的过程中，祖孙间感情更加亲密，孩子也找到了做小主人的成就感。

懂得利用隔代教育的“优势”

“妈妈生，外婆养，爸爸回家就上网，外公天天菜市场，爷爷奶奶来欣赏。”这个顺口溜是隔代教育的一个缩影，虽然有些以偏概全，但是透过这个现象可以看到这样一个事实：本应该承担起教育责任的孩子父母，退居到二线；而原本是家庭教育配角的外公外婆，却闪亮登场。无奈不多言，但愿多理解。

我们再来看看，学者们对于隔代教育的另一定义，是指一些年轻家长或因为自己的工作繁忙，或因为离婚而把孩子的教育、生活等责任全部交给了爷爷奶奶、外公外婆，这些祖辈们自觉地成为全面照顾第三代的“现代父母”，这种由祖辈对孙辈的抚养和教育称之为隔代教育。

这里面提到了原因，但并没有谈及结果。在与很多年轻父母的访谈中，隔代教育被冠以“溺爱”“不科学喂养”“经验之谈”“陈旧观念”“迷信”等多重标签，他们认为祖辈不懂家庭教育，而且无法沟通，他们已经形成了定势思维习惯；而帮忙带孩子的老人会觉得年轻人没有带孩子的经验，他们爱孙子、爱孙女不会有错。

在这里，我首先要给出一个很重要的观点：隔代教育不是一个教育问题，更不是一个社会问题，它是家庭教育的重要组成部分。这个结论并不是凭空得出来的，是在我走访了北京海淀区北部温泉一带十个社区之后得出的。年轻人要上班，老人有时间帮忙，这是一个事实；而老人完全可以通过继续学习，而更好地开展隔代教育，配合孩子父母做好家庭教育。在研究过程中，我也发现了祖辈其实有着自身的优势，我们应该重新客观地评价老人的教育能力与教育行为，一方面尊重教育劳动，另一方面做好教育沟通，让孩子能够在良好的家庭氛围中健康成长。

1.**一举一动的榜样示范。**老一辈都受过正统的革命熏陶与红色教育，对于自己的一言一行有着很高的要求，这些表现本身就给孩子以积极的示范与影响。什么是规矩？什么是礼貌？什么是分寸？年轻父母讲不清楚、做不到的地方，老人们却可以游刃有余、绘声绘色地教育。

2.**传统手艺的传授。**许多老一辈都有自己的“绝活”，但是都比较低调。无论是剪纸、女红，还是民乐、口技，都被我们低估了其文化价值。老人们可以把这些手艺拿出来，给孩子们当老先生。

3.**老人给孩子更大的想象空间。**俄罗斯的学者曾经在十年前做过一项研究，发现由老人带大的孩子，想象力比由父母带大的孩子更加丰富。其实，这里面是有些机缘巧合的。我曾经说过这样一句话："极品爸妈，装聋扮瞎！"说的意思是好的父母，往往会懂得教育的留白，与孩子交流生活中总是不忙着说理、不急着示范，而给孩子自我反思与尝试的时间和机会。老人都懂这个道理吗？其实不然，但是往往老人的反应速度较慢，同时他们的生活态度更趋向于包容和接纳，因此，孩子获得了成长的空间。我们发现，很多孩子愿意跟爷爷奶奶讲学校发生的奇人逸事，而不愿意和自己的父母交流。

4. **老人有强烈的学习需要和价值感需要。**老有所学，老有所用。老年人的文化程度在逐渐提升，思想觉悟也今非昔比。他们愿意主动接受微信、抖音、二维码支付等新时代产品，同时也愿意向专家学习最先进的教育理念与教育方法。在带孩子的过程中，他们变得忙碌而充实，他们也发现如今的孩子和自己亲手带大的那一代有着很大的差异，于是老人们也开始翻阅育儿著作、看专家直播。他们很希望看到孙子、孙女的变化与成长。

5.**老人对于孩子的爱强烈而真挚。**老人给孩子的爱，是最强烈，最真挚的，这必然奠定了幸福童年的基础。老人一定会把最大的关切与耐心都给自己的孙子、孙女、外孙子、外孙女，让孩子收获满满的安全感与幸福感，日后成为一个更愿意拥抱社会、回报社会的人。

所以你看，隔代教育非但不是问题，还有着很大的优势；当我们理解老人辛苦的同时，也看到老人的价值，这为我们开展家庭教育研究开辟了新的方向，也指导每一位年轻父母在合作育儿方面有了新的思考。

学会“六个一”　建设幸福家庭文化

在教育孩子方面，似乎每个人都有发言权。孩子的爷爷奶奶、外公外婆可以说是“实战派”，毕竟已经是过来人，经验是人生最宝贵的财富；孩子的父母是受过高等教育的“理论派”，不仅有学历，见多识广，还会研究不同专家提出的不同的观点。但是不得不说，绝大多数年轻人得上班，除非是全职妈妈或全职爸爸，就在这个时候，隔代教育出现了，老一辈“摩拳擦掌”，准备上岗了。

由于教育观点和教育方式的出入，年轻的父母难免会觉得老人的方法不行。我接触过很多这样的案例，比如嫌老人“溺爱孩子”“追着给孩子喂饭”“给孩子穿得太多”等，这个时候问题就来了，年轻父母回到家，看到眼前让自己“不爽”的一幕，该怎么做呢？有人说，就直接说，指出老人的问题，让他们知道自己的问题，我觉得这么做是不妥的。老人帮着看孩子，一定记住是帮我们看孩子。我们是监护人、是责任人，老人只是在帮忙，所以我们可以感谢、感恩，却没有资格指责和指导。那出现教育问题该怎么办呢？我们可以从以下三方面入手：

1.**当面示范亲子互动。** 不需要解释，不需要劝告，而是当着老人的面，与孩子进行新式教育——亲子互动。我从事亲子教育十五年的时间，也恰恰是十五年前亲子教育的理念刚刚从日本、韩国、中国台湾等国家和地区传播到中国大陆的时间。我也因为为女儿发明150种亲子游戏，被《广州日报》专访，之后被一百多家媒体转发。我发现了“在游戏中交往，在阅读中沟通”的亲子教育之谜。年轻父母当着老人的面与孩子一起做亲子阅读、亲子游戏、亲子运动，其实是一种非常好的展示与演示，因为这样的教育方式以前是没有的，老人们一定会觉得新奇，也会愿意去模仿与学习。在这样的互动中，家长与孩子非常平等地相处与沟通，不仅亲子关系得到很好的维护，同时孩子的理解能力、想象能力、运动能力与表达能力都会有所提高。

2.**组织全家人一起家庭互动。** 2016年，我因为组织全家人一起做亲子游戏，被北京市委宣传部、北京市妇联联合评选为“首都最美家庭”获奖者。我发明的很多全家人一起玩的游戏，如“动车组”“家庭打地鼠”“唱歌接龙”等，深受年轻家长的喜爱。我们不仅要演示和展示，还要让老人们能够真正参与进来，一方面让他们感受到家庭的温馨与幸福；另一方面也让他们接触全新的教育理念与方法。就像心理学大师皮亚杰说的那样——活动是认识的源泉。当我们了解勒温的心理“场论”之后，你又会发现，在群体活动中，成员之间会互相影响。在群体互动中，我们会更容易通过对方的行为表现，全面、客观地了解对方，当我们提出了自己的观点和想法后，对方也会更容易接受和改变。

3.**拉着丈夫一起育儿。**不要想着改变老人，而要想着改变丈夫。把“猪”队友，培养成真正的黄金搭档。事实上，一个孩子从出生、成长到成熟要经历三个圈层：亲子圈、伙伴圈与社会圈。好的亲子关系决定好的伙伴关系，好的伙伴关系决定好的社会关系。亲子圈，首先是父母和孩子形成的第一圈层，也就是早期社会化的地方。当年轻的父母一起带孩子做亲子互动时，老人们看在眼里，笑在心里，因为这是他们最想看到的一幕，他们会放心、会更加相信，自己的孩子已经长大，已经有能力更好地培养下一代。培养你的好丈夫，成为一个好父亲，任重道远啊！

说到最后，想再聊聊家庭文化。一定是特别的缘分，才会成为一家人。但建立家庭不难，维护家庭不易。除了经济基础，也要有精神建设。这里的精神建设就是家庭文化建设。每一个家庭都有自己的家风、家训与家教，有共性也有个性，我在这里提供一种参考。当我们家庭成员都认同、并且定期全员参加时，这种活动就成了家庭文化。我提出了一种模式，叫“幸福家庭六个一工程”——

一个共同的兴趣爱好，

一项共同的体育运动，

一天一次小嘱托，

一周一次家庭会议，

一月一次小型聚会，

一年一次长途旅行。

第六章

发现自我　给自己空间

——避免人际交往焦虑

每一位妈妈在生活中都要扮演各种角色，是妻子，是妈妈，是儿媳，是女儿，这些身份或许常常捆绑着妈妈们，让她们觉得自己失去了个人价值，只为家庭和孩子而活。圈子的缩小，有时候像极了牢笼，人际交往的焦虑也就随之而深。妈妈们虽然有很多种角色，但首先也是自己，是一个独立个体，独立的社会人。

无论是全职妈妈还是职场妈妈，都有自己的个体角色，每个人都需要发现自我，给自己留出时间和空间，维护自己的朋友圈和兴趣爱好。职场妈妈可以通过工作的时间展现自身价值和建立人际关系，通过劳动的付出而获得应得的回报，同时也收获自己的交际圈。而全职妈妈可以开拓自己的妈妈圈，在陪伴孩子、学习育儿的过程中收获一批志同道合的朋友，建立自己的人际圈子。

回归到生活中，家庭对于妈妈们来说也是“职场”，需要面对各种复杂的人际关系，有时候家人之间相处的规则和情感的付出，丝毫不亚于职场上人际关系的处理。社会生活充满着多样性，但是在家庭小职场里的人际关系可能比传统的职场更复杂。

妈妈们的圈子其实未必小，人际交往的焦虑在于如何平衡育儿与个人生活，但愿每个妈妈在育儿旅途中都不要放弃个人的生活。

良好的人际关系秘方

都说中国社会是一个关系的社会，孩子上学，老人看病，年轻人求职，中年人升迁，大到全国的项目，小到邻里的互助，处处充满着人情关系。姑且不说利弊，我们至少看到，人际关系对于每个个体而言都是生存于这个世界上必须要面对的问题。即使深居简出、潜心带娃的妈妈们也不例外。你以为只需要和孩子、丈夫相处即可吗？不是的。

传统的精神分析理论认为，人的发展或行为都来源于生理的内驱力。而后，弗洛伊德的女儿和其他学生都在试图推翻这个观点，他们认为环境，尤其是人与人之间的关系更深层次地影响与制约着人的行为与发展。

我总结了一个人际关系技巧——“CASH”，希望能给妈妈们一些启发。CASH 是四个单词的组合，Communication（沟通）、Activity（活动）、Smile（微笑）、Help（助人）。这一人际关系技巧不仅适合成人的关系处理，也适合妈妈们在家庭中与孩子的相处技巧。家庭中亲子关系、夫妻关系、隔代关系可以说是妈妈们人际关系的重要内容。我一直认为，亲子关系和人际关系没有太大的区别，如果家长人际关系处理得好，他的亲子关系也一定会很出色。

1.沟通（Communication）。沟通是一个世界性的难题，否则就不会有矛盾与战争。沟通的障碍在于利益或观念的不一致。很多情况下不是沟通导致了矛盾，而是因为矛盾导致了无法沟通。尽管如此，技术高超的沟通人员，依旧会选择恰当的时机，通过恰当的话题把矛盾双方或多方团结起来。人与人之间的矛盾是永远存在的，沟通则是一条通往良好人际关系的小道。沟通能力成了一个人的软实力，它可以最快的速度达到人际目的。

其一，树立正确的沟通观。我们先来看看沟通的定义。沟通是人与人之间、人与群体之间思想与感情的传递和反馈的过程，以求达成思想一致和感情通畅。我没有苟同这条定义的全部。在我看来，定义最后谈到的沟通目的是不准确的。通过沟通达到思想的一致是一种牵强的提法。就拿父母与孩子来说，从年龄、成长背景到受教育程度都有着太深的代沟，我们无法让对方完全接受我们的思想，也没有必要让孩子全盘接受。事实上，随着时代的进步，父母一代的观念也在逐渐

“退伍”，而孩子却在媒体、学校、社区、网络环境中接收到最新的语言和信息。我们希望让孩子通过沟通建立自己的观点，并学会分析与采纳他人的观点。

亲子沟通的目的，不为别的，就为了亲子情感的通畅。在用心、用情的沟通之后，亲子之间增进了感情，双方都获得了归属感。这让我想起了人本主义大师罗杰斯提出的“无条件的爱”。他主张去除日常教育中的那些功利色彩，强调还原亲情这种简单的形式。可以说，沟通就是为了建立这种无条件的爱，来理解孩子、关心孩子，为孩子的困惑提供咨询，为孩子的理想提供建议。这种用沟通表现出来的爱，最终会影响孩子的一生。由表及里的真诚与无私的爱也是亲子沟通与其他沟通最本质的区别。

其二，摆正沟通的姿态。一直以来，教育专家在讨论着一个很“滑稽”的问题，即以什么姿态和孩子说话。在老一辈教师的教育词典中，只有“尊师重教”四个字。为了树立威信，教师们要以严肃的面孔，站在高高的讲台上讲课。但是，用夸张一点的说法，如今教师的地位“一落千丈”：学生不能大骂，家长不敢得罪，教育局发号施令，校长一言九鼎——在这种“四面楚歌”的环境下，教师已经是心理压力重重。依我说，无论采取什么姿态的说话方式，我们都需要用一个正常人与正常人对话的心态与孩子沟通。

从出生开始，人就进入了社会化的过程，这是社会对人的一种“再创造”，我们要顺应这个形势。今天与孩子沟通，是为了明天孩子更好地与他人沟通。我们要力求站在一个相对平等的位置进行沟通。英文有个单词比较贴切——Discuss（商谈）。在 Discuss 的状态下，人才能激活自己的想法，从而更热衷于表达。

在家庭中，最有效的沟通模式应该是“圆桌会议式”。父母、孩子，也许还有爷爷奶奶、大姑小姨，我们以这种方式营造一种民主的气氛。孩子在其中会有被尊重、被重视的感觉，他会模仿大人的谈话方式进行表达，逐步建立理性思维。回想起来，对我成长帮助最大的，就是这种沟通模式。父母从不打断我的发言，从而使我的观点能够清楚、完整地表达出来。

其三，明确沟通内容的禁区。亲子沟通比较明显的问题，就我所接触的一般有两类。一类是没有沟通，即亲子之间“爱如空气”“人如空气”，家长满脑子都想着工作或是娱乐，将亲子沟通视为累赘。这种家庭环境下的孩子没有家庭归属感，很自然沦为“野孩子”。第二类是沟通仅限于学习。许多家长对孩子说得最多的就是：“考得怎么样？”“班里排第几?”“超过小明了吗?”等问题。请家长们试想一下，如果你一回家，孩子张口就问：“挣多少钱啊?”“这回晋升了没有啊?”“和小明他爸谁挣得多啊?”这些问题，我想，你肯定也是满头冷汗。

沟通要分阶段。初始阶段不要谈及双方敏感的话题，最好以双方都感兴趣的话题入手，如此就会自然形成“兴趣场”。在兴趣场中，亲子双方会自然地相互吸引，达到家庭的和谐。

可以说，沟通不是孤立存在的，它与话题是共存的。亲子之间如果拥有充分的话题，就不必担心没有沟通。因此良好的沟通，源于良好的话题。因而亲子双方需培养共同的爱好，尊重各自的特长，学会欣赏对方的生活方式。比如母亲可以与孩子一起学钢琴，让孩子给我们讲解与补课。这样既使孩子有了成就感，又巩固了所学的知识。

亲子共读是我能想到找到的最佳话题的最好途径！一本好书，价格不贵，却丰富了两代人的经历。

一个善于沟通的家长，必然知道沟通对于工作与生活的重要，也必会将其中的诀窍传授给孩子，让这一经验资源成为孩子一生的财富。

2.活动（Activity）。每个单位都会有工会。工会会组织员工们开展一些丰富多彩的活动，目的无非有两个，其一是丰富员工业余生活；其二是增强集体凝聚力与向心力。其实，活动对于个人而言，也有着更大的价值——在共同参与活动中，人会让自己放松下来，认识真正的自己和他人。

简浩炀老师曾经说过，在与孩子相处时，不要总说“做游戏”，而要说我们来做一个“活动”。游戏与活动的区别在于目的性，游戏单纯为了娱乐，而活动的优势体现在分享体验与收获心得。

亲子活动是在亲子共同参与下完成的。在亲子活动中，孩子既体验了快乐，又学习了如何与人相处。与人相处得越多，就越能适应这个社会。

我最早提出这个观点是针对大学生的。现在的社会要求高级复合型人才，也就是既要博学，也要精学。“精博”在短时间内很难修炼，但培养快速的信息处理能力却是当务之急。我主张大学生参与能够参与的一切活动，如加入学生会、团委、红十字会，参加征文大赛、摄影大赛、歌手大赛……有人说，这是自不量力，而我认为这是在丰富自己的经历，锻炼自己的能力。丰富的经历终将成为未来人际交往的谈资（即话题），也可能成为你认识“贵人”的桥梁，或许还会成为你与恋人的“媒人”。总之，活动的奖励与评价并不重要，我们需要的是无形的“奖励”，这种“奖励”一定会在日后大放异彩。

对于少年儿童，活动就更为重要了。以体育活动来说，不但锻炼了身体与意志品质，也让他们在竞争中学会合作与取舍，这是他们人际关系的起步。在遭遇挫折与失败之后，孩子们开始总结经验，开始懂得与人沟通，以达到一个共同的目标。亲子之间除了开展体育活动，还有看电影、参观画展、去图书馆阅读等，这些丰富而又健康的亲子活动，相信会从多方面培养孩子的能力。

除此之外，我要着重讲一下“亲子关系拓展”训练。最近几年，有一个名词特别火，叫作“素质拓展”。各种单位会组织员工到一个环境不错的地方，安营扎寨，然后开展一系列的活动，最后让大家分享感受。这些活动大多数源于心理团体辅导或社会工作中的项目，活动经典而耐人寻味。在最后分享的一刻，大家都会说出内心的感受，并感觉受益良多。我一直都在想，能不能将这样好的活动移植到亲子关系当中呢？如果有机会我会专门出这样一本书。活动既锻炼人际交往能力，又能增进人际关系。在活动中，我们可以认识更多的人，为我们的成长与发展寻找契机，这个道理让孩子越早知道越好。

3.**微笑（Smile）。**达·芬奇的传世之作《蒙娜丽莎》之所以获得盛赞，并非因为那位贵族妇女的美貌，也不是因为她身后幽深茫茫的山水风光，而是源于她那神秘而惬意的一笑。画家将女主人公的内心世界刻画得淋漓尽致，透过油画，我们仿佛聆听到了她的心声。无论在何时何地，你正如何奔波劳碌，当驻足在她的面前，你都会放下自己的行囊，陷入思考，而她仿佛会默默倾听你的心语，洞察你的烦忧——这就是笑的作用，一种温柔的力量。

周总理的谦和之笑赢得了世界人民的喜爱，为新中国成立初期的外交事业奠定了牢固的基石。不要小看笑的作用，它可以说是人际交往的一块敲门砖。试想一下，你走在一个陌生的城市，迷了路，迎面走来两个当地人，一位愁眉苦脸，一位喜笑颜开，你会更愿意询问哪一位呢？

有一个常识，笑会让人更美。当你眼里充满温柔之光，嘴角微微上翘时，是你最美的状态。人们都愿意趋向美好的事物，在人际交往中自然也就向你倾斜了。

古希腊一位大哲学家曾说，因为笑所以开心，因为哭所以悲伤。乍一听，这是不符合逻辑的。我们经常是因为某一件事情影响到我们的情绪，进而影响我们的表情，难道不是吗？直到 20 世纪 20 年代，也就是行为主义盛行的时期，人还被认为是环境的产物。又过了几十年，认知心理学的光辉才闪耀起来。它承认人与动物的区别，人在接受外界刺激之后，会有内部的信息处理，也正因为此，人与人在对待同一件事情的反应上大相径庭。直到今天，才出现了“情绪管理”这门科学，认为人们可以自觉地调整情绪去完善自己，协调与环境的关系。

很多人还是不明白我为什么喜欢笑，有什么事情让我笑。面对这样固执的家长或孩子，先哲肯定又在发笑了。且来听听我在知心姐姐工作部的经历。

有一段时间，我在知心姐姐工作部做潜能培训师，有机会与真正的知心姐姐卢勤共事。在我的印象中，60多岁的老人应该是满脸皱纹、腿脚笨拙的形象。而卢勤老师无论在台上还是台下总是给人以一种“玉树临风”的感觉。也许这个词不适合形容老人，可是我确实觉得她满面春风，底气十足，不像一个传统观念上的老人。有一次，我们在郊区的一个地方开展夏令营活动。清早，我一个人在大厅里弹钢琴，不一会儿带队老师陆续起床，从大厅侧面经过。只见一个红色的身影停在了我的面前，我一抬头，看见竟然是卢勤老师！卢勤老师主动而快速地与我握手，温和地说，你很有才华！这句话给了我强大的鼓励，她那慈祥的笑容让作为晚辈的我感受到她的亲和与博爱。她用微笑成了我的姐姐，少年儿童们的姐姐。

每一次讲座，我比少年儿童听得还认真。卢勤老师强调最多的也是我最想和家长朋友分享的三句话是：“太好了！”“我能行！”“我帮你！”这三句话最核心的内容是教给孩子一种乐观积极的心态。她说，无论遇到什么艰难险阻，都要说“太好了！”她要求营地的孩子们，将这句话挂在嘴边，被蚊子咬了说太好了，摔了一跤说太好了，被人批评了也说太好了，这就是教孩子应对挫折的模式，培养孩子一种坚强和包容的品质。在我看来，坚强与包容是人最重要的品质。不是遇到好事才开心，而是无论发生什么事都用微笑去面对生活。

在这里我想告诉家长们，有了“开心”的心还不够，因为你在人际交往过程中，还需要信息的提供与交换。说直白些，就是需要让人知道你的开心。人总是愿意和开心的人在一起交流，微笑将打开人际关系的大门。

微笑是演员的专业，她们需要整日面对镜子练习基本功。经常微笑的演员会在观众心目中得到较高的分数。我们不妨也学学，对着镜子调整一下自己的笑姿，记录下最佳的状态，重复练习，让微笑成为我们的一种习惯，成为我们展开人际交往的“武器”。现在就与孩子一起，练习微笑吧！让微笑营造良好的家庭氛围，让微笑成为家庭的符号。

真诚的笑可以获得信任，坦诚的笑可以获得理解，坚定的笑可以化险为夷。家长的微笑让孩子感到安全，感到自信，这份福祉将影响孩子的一生。

4.**助人**(Help)。我小时候看过一部外国电影。一个好心人解救了一匹落入陷阱的马。脱险后的马儿一路狂奔，一溜烟儿就不见了。好心人欣赏着马儿离去的背影，感到非常欣慰。突然，从一块岩石的后面，蹿出一条眼镜蛇。蛇很快爬到他的眼前。他尽全力向后撤仍然躲闪不及，眼看眼镜蛇就要张开血口咬他，这时由远及近传来了轻快的马蹄声，好心人的救星来了——那匹被他救过的马风驰电掣般赶来，用乱蹄将眼镜蛇踩死了，嘴里还不停嘶鸣着，仿佛安慰着好心人。

助人自助，此话有理。

那么如何拉近人与人之间的关系呢？靠沟通，靠活动，靠微笑。但最重要的，我想应该是助人。当你在某人火烧眉毛、手足无措时，为他提供切实有效的帮助，他一定会感激你的。也许只是简单的一个动作，却能很快建立一种新的关系。与其他方法不一样的是助人具有明显的利他性，所以最容易让人接受。从陌生到助人，从助人到互助，这两次飞越，便使一对路人，成了一对朋友。在一个班集体中，最受欢迎的学生不是学习最好的，也不是纪律最好的，而是最爱帮助人的学生。告诉我们的孩子和我们自己，助人可以提高人际吸引力，即我们俗称的魅力。

助人不仅利他，也同样利己。在帮助别人之后，会产生一种千金难买的成就感。这不是对方的报偿与赞美所赐，而是我们自己对自己价值的承认。除此之外，助人的好处在于提升自己某方面的能力与潜质。

在我上高中的时候，非常喜欢或者说善于给同学讲解题。有一次，我嫌麻烦了，就拒绝了一个女孩子的提问，并善意劝她去找全班成绩最好的尖子生。没想到，这个女孩子竟然大发雷霆，大声喊道："我就是让你讲！"全班同学回头看我的那一刻，让我感到不助人是件"可耻"的事情。从那以后，我尽量不拒绝任何一个需要帮助的同学，在给他们讲题的过程中，我也加深了知识的记忆与理解，最终也成为了班上的尖子生。

助人，在词典中的意思是为人提供方便。无论是物质上的帮助，还是心理上的帮助，一定都是伴随对方的需要而产生的。所以，我们在讲"助人"时，不要单谈道德层面，也要注意它的"技术层面"，即我们如何正确地帮助同学、家长、老师。请让孩子们记住以下原则：

其一，尊重对方的原则。相对于求助者，助人者是站在心理高处的。所以，在这种关系失衡的前提下，更要尊重对方的意见。一个自尊心极强的学生，当他做不出题目时，他不希望你用直接的方式告诉他如何解题，而是给他提供心理上的帮助。你可以告诉他，这道题是有些难的，通过你的智慧与努力很快就能攻破它！也许有人会想，他最后很可能没有做出那道题。但从内心深处，他却会对“助人者”充满感恩，他也会从“助人者”那里获得力量。

其二，量力而行。中国字就是蕴含深意，一个“力”概括了一个人所有的“助人资本”。你有想过，你究竟拿什么来助人吗？

一个老年人在路边突然晕倒，一个小学生正好从旁边经过，他应该怎么做？按照我们的传统思维，小学生应该本着人道主义精神和助人为乐的品质，将老人扶起，火速送往医院……

事实上，小学生在助人时也需要量力而行。先问问对方需不需要帮助，再问问自己能不能帮助对方。一方面，小学生从体力上很难将一个老人扶起来；另一方面，由于小学生甚至很多成年人不具备救助知识和医疗常识，而一些特殊疾病发作后，病人是不应该移动身体的。所以正确而科学的方法便是寻求专业人员和警察的帮助。

其三，自我保护。我在芳草地小学教书的时候，我就问过我的学生：如果地上有钱包，到底该不该捡。丢在地上的钱包，在孩子眼中只是一个钱包，而在家长眼中也许是圈套或麻烦。所以为了自我保护，在这种情况下，依然需要警察的帮助。

接下来，我想说说亲子关系中的几种模式。由于地位的优势，父母对于家庭有着实际的控制权和领导权。采取哪一种模式，自然是由父母决定的。无论是集权式、民主式还是自由式，都存在着自身的缺陷。我的建议是不如尝试“互助式”。在家庭中，亲子之间采取互助模式，对于孩子的社会化与个性成长最有裨益。在互助中，儿童学会了责任，更学会了关心！体会到了温暖，更体会到了成就！

我们要与孩子分享的是，助人不是为了获得及时的回报，而是与人建立一种亲密的人际关系。这种人际关系会给日后的生存与发展提供支持与保障。

当孩子扫了一次地，不要给他一元钱，因为一元钱会破坏他的成就感；当孩子帮你捶捶背，不要答应给他买个玩具车，因为尽了孝心足可以让他感受快乐；当孩子考试得了100分，你要表扬他，更要告诉他成绩不只是他一个人努力的结果；当你发了奖金，也要想到孩子的贡献，因为他没有惹事、没有生病，这才让你的工作如此顺心。

建立良好的亲子关系是和谐社会的保障，也是每个家庭幸福的基础。孩子性格的养成最受亲子关系的影响。我敢说，良好的亲子关系才是父母送给孩子最好的礼物！

向孩子道歉多重要

有位妈妈给我发了私信，向我咨询一个问题。据了解，有一天这位妈妈下班回家，一推门看到自己6岁的宝宝正坐在板凳上聚精会神地看电视。她那天工作很不顺心，就把火撒在了孩子身上。孩子表示不服气，哭个不停，气得她要上手打孩子……就在这个时候，孩子的姥姥从屋子里冲了出来，把当妈的说了一顿。原来，姥姥答应孩子，读半个小时书之后，可以看10分钟电视作为奖励。这位妈妈觉得理亏，不知道是否需要向孩子道歉以及如何向孩子道歉。

事实上，父母尤其是母亲一直在孩子0—6岁阶段扮演着生活权威的角色，无论在行为、作息方面，还是情绪、语言表达方面，处处要做孩子的典范，这种“约束”可能会让一些家长感到“麻烦”，可以说这种被迫的“示范”也是一次成人的社会化，它让为人父母的我们重新思考、塑造自己的生活方式。作为权威，往往需要足够的经验与威严，这是孩子信任、学习与服从的基础。有权威的人可以道歉吗？这样会不会降低威严？会不会丢面子？会不会使孩子不再听从我们？我非常理解年轻家长的感受，毕竟我们都是家长。但如果我们从孩子心理成长和人格塑造的角度来看，我们的道歉实际上有着重要的意义，是必不可少的教育内容。

1.**道歉是一种成人间的仪式，要正式而诚恳。**我曾经提到过孩子3—6岁进入了协商期，家长开始将孩子视为一个独立的个体进行对话与教养。这个时期，孩子需要接受大量的社会交往经验，学会如何与人交往，而道歉就是人与人之间一种建设性的交往方式。对于家长的道歉，这个阶段的孩子可以接受也可以理解，进而可以运用到生活中去。当我们做错了事情，误解了孩子，应该向孩子正式道歉，表现出我们的诚意。

2.**道歉时要表达清楚而具体，让孩子明白其中的原因。**被人误解是不幸的，听人解释则体现了一个人的家庭教养与素质。实际上，道歉的过程成了一个非常好的教育契机。有错误并不可怕，承认错误并改正错误就会受到大家的欢迎。在遇到问题的时候，如何看待与处理是人格教育的核心内容，孩子会参照父母的做法去处理未来生活中的事情。

3.**加强亲子沟通，减少主观臆断。**作为生活经验丰富的家长，我们习惯主观判断孩子的所想所为，总觉得“我们吃的盐比孩子吃的饭都多”。尽管真的是这样，我们还是要考虑到孩子探索世界是一个渐进式的认知过程，对孩子要保持信任。防止误解的最好方法，便是加强亲子沟通，减少主观臆断。

做一个新时代的书香妈妈

在中国的传统家庭中，家长制的观念依旧占据着主导地位。只有孩子的错，没有“老子”的不对。因为“老子”吃盐多、经验多，所以不听老人言，吃亏在眼前。大多数孩子顺从家长的观点，至少表面上看是顺从的。他们知道叛逆的后果很严重。时代进步了，新一代的年轻人接受了多元化的教育与信息，在认识新事物方面一点儿也不逊于自己的父母。并且，他们更容易接受新观念。这时候，孩子便与墨守成规的父母形成了一对矛盾——新观念挑战旧观念，新行为对抗旧行为，亲子“战争”就是如此打响的。双方通过冷战、热战等手段，要求对方接受自己的观点。顺便说一句，在心理学中有一个规律，旧观念与旧行为、新观念与新行为的组合是正常的心理状态，而旧行为与新观念，或者新行为与旧观念相结合时，则表明此人正处在心理不健康的状态。不管怎么说，强迫别人接受自己的观念，都是不可取的。我们正处在一个新旧观念交替的时代，最明智的选择是包容。

包容表现在言语中，更体现在行动上。我的经验告诉我，当孩子和家长同时操作一件事情的时候，孩子会更亲近你，信赖你。就像我们在做团体辅导时，带队老师会在开始的时候就和我们一起做游戏，目的就是建立信任的关系。

母亲都希望自己的孩子出人头地，都知道教育孩子“铁杵磨成针”的道理，但为什么孩子之间的差异还是那么大呢？原因就在于母亲的观念正确但不全面——孩子的成长，不光是孩子努力的结果，家庭环境尤其是母亲带来的影响至关重要！

教育学之父裴斯泰洛齐说过，母亲是孩子未来人际关系的理想典范。我的“典范教育”也正是由此而来。母亲做的正确的、错误的、有意识的、无意识的事情，都会深深烙在儿童的心中，等待日后作为行为的参考。社会学习理论创始人班杜拉提出过著名的儿童重要的学习法之一便是模仿法。儿童通过模仿获取生存信息，通过模仿吸引父母的注意，通过模仿来扩大自己的行为范围。在孩子的头脑中，父母做的每一件事都是对的，就像创造了他一样。

事实上，在孩子面前，母亲需要格外注意自己的言行。言之有信，行之负责。我们在孩子面前减少承诺的同时，尽量表现阳光、健康、积极的一面，这显然比经常要求他做一个什么样的人来得更有效。

那么，我们应该如何表现呢？ 看书！ 从现在起，做一个书香妈妈，如果你的孩子正处在小学、幼儿园阶段甚至年龄更小，你的一举一动必将影响孩子的一生。 那母亲要看什么书呢？ 当然是要看自己需要的书，能给自己带来生活“答案”的书，能让自己在阅读过程中会不自觉地扬起嘴角的书……

当孩子看到妈妈在做一件事如此如醉如痴的时候，也会禁不住这种“诱惑”的。

人在出生之前要经历一场命运的洗礼，出生之后还要经历一次更大的革命。 正是这两次经历，让我们的孩子在很多方面和我们是不一样的。 出生之前的洗礼由生物基因负责，出生之后的革命则是我们从事心理教育的工作者关心的话题。这场革命的先行者一定是位头脑清醒、高瞻远瞩的家庭成员。倘若是孩子充当了这场革命的先行者，那这场革命肯定已经来得太晚太晚了；倘若是孩子的母亲，由她来领导这场革命，十月怀胎之时就会如同十月革命一样意义非凡。 在孩子年幼之时，就做恰当的调整与部署，相信一定会改写孩子的命运。

我想起一个人的名字。 在这个人抓周的时候，父母照例摆放了很多物件供他选择。 他几乎没有犹豫，一把抱起了一本大书，于是他被冠名——钱锺书。

钟爱阅读的家庭，势必书香盈庭；嗜好烟酒的人家，难免浊气满身。 现如今，打扮时髦的妈妈遍地可寻，“书香盈袖”的妈妈却屈指可数。 多一个书香妈妈，能给我们的社会带来太多的财富。

父母是孩子的心理咨询师

很多家长在困惑一个问题：如何理解孩子？因为不理解或者理解失当，与孩子之间难以沟通，或者运用了错误的方法教育孩子都是常见的现象。年轻父母们乐于学习科学的教育方法，但“理解”这门功课，本身就是人类的难题。因此，一切为了孩子的妈妈们又何尝不为此而焦虑不安呢？

理解孩子究竟对于教育有多重要？理解是孩子健康成长的一部分，还是孩子的一种需要？理解应该是双向的，还是单方面的付出？什么才算理解呢？……这些问题，在亲子问题咨询中尤为常见。事实上，“理解”二字大家天天挂在嘴边，却很少有人能够践行。所以只有很少的人可以“享受”到被理解。我想，可以享受到他人的理解，也是工业社会背景下的人的一种福祉了。

理解究竟是什么？估计问一千个人，就会有一千种回答。词典中说理解就是据理了解。通俗来说，就是根据道理去了解。这样说来，“理解”与“了解”的区别，不过是对他人信息“深加工”与“粗加工”的过程。诚然，理解与了解的本质都是对于某人或某事的关心，但理解真的只是了解的简单升级吗？我想，答案是否定的。在日常使用中，我们可以感受到“理解”和“了解”这两个词有着明显不同的语义，“理解”中夹杂了更多的情感成分，一种让人体会到温暖的力量。“理解”不是“了解”，它不是单纯的心理活动，其中伴随着一些“行动”，这正是它与“了解”的区别。

我觉得，理解是对他人的需要做出合理化的解释。很显然，“合理化”标志着理解是一个高级的心理词语或心理现象。不可否认，理解是困难的。作为咨询师，我们经常会使用“你说的，我理解”这句话。心理咨询师利用心理学知识解读了求助者的烦恼，如“为什么我看见某个人就会恐惧？”“为什么我总对教育孩子感到焦虑？”……如果要真正理解求助者，就要彻底了解他的过往和基本情况，然后给出心理学上的解释。当求助者听到科学合理的解释后，便会减轻大部分的心理负担，解决个别心理问题也就变得容易多了。

从某种意义上说，父母就是孩子的心理咨询师。也许我们不懂弗洛伊德的精神分析法，也不懂罗杰斯的人本主义理论，但是我们同样可以运用一些简单的心理技巧，解决儿童的烦恼，塑造儿童健康的人格。“理解”就是对孩子的一种心理辅导，它是基于对孩子的了解。只有充分地了解孩子，才知道哪些是他们的不足。我们站在家长的角度，会比孩子更轻易地发现影响他们发展的障碍物，也可以预想得到，将来他们必会因为某些烦恼而向我们求助，而我们早已想到了对策，可以完全“理解”孩子。

我们可以通过了解、理解、建议三步走，对孩子进行辅导。这与荣格的心理分析过程相似，但缺少了个人阐述阶段（弗洛伊德阶段），因为儿童本身就处于弗洛伊德阶段。

了解是最基础的环节，也是最重要的环节，从这个环节中，我们可以清楚得知儿童的需要。经过学习，我设计了一个“漏杯理论”，希望能给家长们提供一些思路。

我曾经跟我的学生说，没有一个人生下来是一件完美的“工艺品”，我们要做的，就是用一生的时间来修缮自己。就像下图一样，我们每个人生下来就像一个残缺的杯子，杯子下面的漏洞不是你想要的，但是它是客观存在的，它代表遗传劣势。

遗憾的是，我们祖辈、父辈赐予我们的天分都随着他们同样无偿赠予的“先天不足”而流失。这就是为什么我们总觉得力不从心，能力发挥不出去，情感表达不出来，原因便在

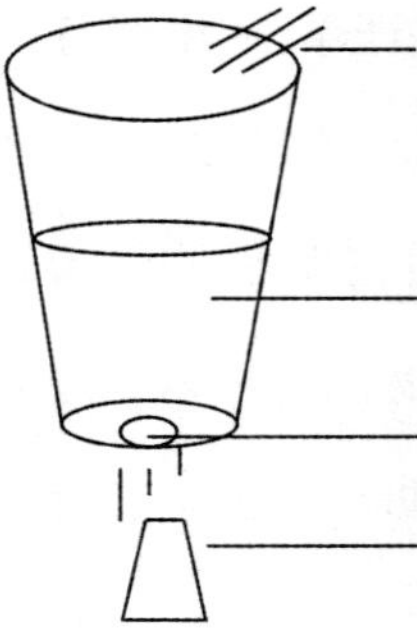

此。所以，你首先要了解祖辈、父辈给你哪些超人的潜质（如父母良好的性格、气质、能力等），同时，也要了解父母的一些不良心理、生理习惯以及行为习惯。比如父母性格暴躁，又患有高血压，那么孩子从小就要注意克制自己的脾气，这就是遗传劣势给下一代带来的麻烦；另外，每个人智力水平也有明显区别。试验表明，父母接受了良好教育，他们的孩子一般在分析、理解问题上会比较有建树。

然而，值得庆幸的是，生活赐给了我们一个“塞子”。这个塞子就是用来弥补遗传劣势这个漏洞的，它的名字叫作环境（这个环境是泛指的）。有些人不喜欢周围的环境，有些人逃避环境，其实都是不适应环境。而不适应环境的原因就在于一个人根本不了解自己所处的环境。在我看来，环境是个人与他人、集体、社会的互动关系。我们应尽可能地为孩子创造良好的家庭关系、邻里关系。如果环境已不可控，则可以效仿孟母——搬家，寻找一个新的“寨子”。

大多数人重视教育，但并不了解教育。曾经有人说，教育是教师的天职，我看这是片面地理解了教育与教师的概念。教育即教书和育人，教书是对前人经验的一种传授，意思是不让我们的孩子忘了老祖宗的文化；育人实际上是更高一层的要求，而这项要求不是靠教师一个人可以达到的，它需要家长、社会、政府配合完成。现在新的课程标准对教师的要求是“教学相长”，意思是在课堂上教书的过程中，学生的知识有所提高，教师也应该有所收获。我将其“发扬光大”，认为教师、学生在课堂上应该是一种“平行”关系。在真理与知识面前，教师与学生都是探索者，大家一起朝着未知的领域迈进。在我的课堂上，学生永远不是观众，他们是主角，而我是配角兼导演。同样，在家中，我们做家长的，不要视孩子为有趣的玩偶，也不要把他们看作待命的小兵，而是一个独立的个体——人，给予孩子尊重与肯定。在很多时候，我们要与孩子保持一种“平行”关系——将平等的观念植根于他幼小的心灵。向孩子倾诉你工作中的难题，也倾听他学校的生活；为他做好美味佳肴，也希望他能够做些简单家务；谈谈你对生活的看法，也让孩子说说对生活的盼望。简言之，要给孩子话语权，这是要让他学会负责，而不是依赖。这种“平行”的家庭教育将会让孩子受益一生。

“了解”的内容如遗传、环境、教育等，都是孩子成长最基本的信息，只有基于全方位的了解，才能知道自己孩子的“短板”在哪里。当孩子问到一些具体的问题，我们应该运用科学的知识去解释，用平和的心态去回复，这才是理性的爱。

“理解”就像登上舞台一样，台上一分钟，台下十年功。为了儿童的健康成长，我们需要太多的知识储备。哄骗或者敷衍、恐吓，都会在不同程度上对儿童造成心理伤害，更会给他日后的行为方式造成负面影响。

我的建议是根据了解、理解，对孩子设计的目标提供可操作性的方法。这需要妈妈们更细心地观察，认真地学习儿童心理学等相关知识，为儿童发展做出“真正”的贡献。请记住，有些看似对孩子好的语言并不是好的建议，如“你就应该好好学习！”“你得变得积极主动一些！”“困难像弹簧，看你强不强，你强它就弱，你弱它就强！”貌似语重心长，听如循循善诱，其实不过是我们家长在变相地抱怨和强迫孩子。孩子在听到这样的“建议”后，依旧是一头雾水，而且会更加厌烦与叛逆。可以说，我们说出这样的话时，自己也不清楚应该怎样去做。我们的“强词”裹上了关心的糖衣，显得顺理成章。而事实上，只有合理的建议才能让孩子体会到关心，才可以真正帮助到我们的孩子。因此，我建议，如果遇到我们不能够解释或引导的问题，还是应该实事求是地寻求心理咨询师、教育咨询师，甚至专家的帮助。他们可以为孩子提供可操作性的方法，解决家长的燃眉之急。此外，“求助”也是一种人生的智慧，可让孩子明白，个人的成长或成功，总会需要外界的帮助。

教育工作者，首先是心理咨询师，父母更是如此。百教不如一问，百授不如一听，真正的教育其实是问和听，不是教与授。在问和听的过程中，父母不仅帮助孩子化解了眼下的烦恼，也教会了孩子如何独自处理问题，更重要的是，父母给孩子做了榜样，如何用心理咨询师的语言能力与技巧和其他人进行沟通表达。孩子学会倾听，这是了解与尊重；孩子学会共情，这是理解与包容；孩子学会积极关注，这是支持与协助；孩子学会助人自助，这是胸怀与大度。开放式提问与非批评不评判等专业技术，则让孩子成为一个极具人际魅力的人。

每一个人都需要有人关心和爱护，妈妈是孩子的心理咨询师，孩子也是妈妈的心理咨询师，当我们尝试着让孩子去倾听我们，帮助我们的时候，我们便不再焦虑，孩子们则更加地独立坚强。

可以说，心理咨询真的是一项专业技术，如果能够正确运用到亲子教育当中，必然会给儿童成长带来无尽的好处。家长的支持就是孩子最大的社会支持系统，带给儿童真正的内心的温暖，并使得家庭成为孩子奋斗一生力量的来源。

父母是孩子的“模特”——典范教育

所有的父母都会想：怎样才能教育出优秀的孩子？有没有一套好的教育方法能帮助我教育出优秀的孩子？即使明知道没有标准答案，但所有父母似乎都期待这个答案。尤其是妈妈们，生怕自己的孩子遭遇不测，怕孩子误入歧途，怕孩子不学无术，总之，各种“怕”侵扰着妈妈们的神经。然而，我想说，教育没有捷径，也没有最优方案，但有一点是确信无疑的：父母是孩子最好的老师，父母潜移默化的影响和示范作用可能会毁掉一个孩子也可能会成就一个孩子。

我在第一章讲到的“ROMP”早期教育四原则中，“M”是典范教育(Model education)。所以，今天我们来谈谈它。

在我们看电视节目的时候，如果发现有T台走秀的节目，我相信大家也许会停下来。在华丽的走秀场上，一个个身材标准、气质脱俗、服饰时尚、步态优雅的模特映入眼帘，这时你可能会惊叹，她们怎么那么漂亮？为什么别人能长这样？

我们会在最初的几秒这么问自己，但很快马上又自我宽慰，嗨！其实就是人靠衣服，马靠鞍！又过了几秒，转而一想，我和她们比什么呀？换台！

就在不到半分钟的时间里，已经经历了丰富而复杂的情感过程。套用现在一句流行的话来说，羡慕嫉妒恨了一把。为什么我们会被模特吸引？不是因为我们克制不住自己，而是因为她们确实在身材外貌上成为了普通人的“典范”。人都会在生活中下意识地关注比自己条件好的人，并努力与这个人进行心理比较并向他靠拢，我们称之为“模特效应”。这一点，我们经常在十六七岁的追星族中找到例子。其实作为成年人的我们又何尝不是如此呢？有人欣赏奥巴马，有人佩服秦始皇，他们的某一长处成为吸引我们的魅力，并在无形中左右着我们的思想和行为。

我们心中的典范和我们接触的环境有关系，媒体的影响不可忽略，我们大多都会对叱咤风云的政治人物、运筹帷幄的商业巨贾、光鲜亮丽的娱乐明星持有好感，他们似乎成了我们遥不可及却又向往不已的榜样。而有两个人的地位却似乎始终没有动摇，他们的影响远远大于这些风云人物，那就是我们的父母。

对于我们的孩子，我们就是他们一生的“模特”。以我为例，我的父母是私营业主，他们在对我的教育中夹杂了很多民主的思想，在日常生活中渗透着如何与人打交道、如何取得对方的好感与信任的技巧；我妻子的父母都在机关工作，她就是一个中规中矩、踏踏实实工作的人。三国当中令人称道的名将关羽的儿子关兴、关平及张飞的儿子张苞也都成了蜀国后期的统帅，也可算是一代英豪。在现实生活中，每个父母都会为孩子尽可能提供最好的物质环境、人脉网络、发展机会，这点不容置疑。也许你会想，自己不是富豪，也不是成功人士，那我的孩子是不是注定平庸？不对，亲子教育的前提，便是我们要对自己有信心，首先我们要爱自己，在承认自己不足的同时，也要肯定自己的经验，并将这些良莠经验一并告诉我们的孩子，以助他们得到最好的发展。

还有一个例子，我觉得非常有趣。上古有三皇五帝，他们不能单纯说是人中龙凤了，他们有才，有德，有情，有义，可以说是可呼风唤雨了！他们有没有烦恼？有！舜的儿子就是舜最大的苦恼。舜治国兴邦，儿子却游手好闲，让人特别不解。其实也好理解，父亲做了太多公益事情，把教育给落下了。舜的典范是全人类所共睹的，儿子怎么就学不到皮毛呢？一日，舜在黄河岸边，边思考着国政，边拨弄着石子，突然灵感忽至，他画了几条横线竖线，从这纵横的交错中，他似乎悟出个中乐趣与治国之道极为相似，发明了我们世界上最伟大的游戏之一——围棋。舜没去教训声色犬马的儿子，而是教他玩这种游戏，儿子一下子被游戏的互动性所吸引。从此之后，舜的儿子再没有闲游，而是潜心游戏。是围棋让他真正静了下来，之后也成为一位谦虚求知的儒士。舜才是第一位亲子教育的大师，他不仅身教在先，还巧用方法循循善诱，是我们家长的典范。

我们经常说，父母是孩子的第一位老师。0—6岁，人生最关键的时期，在儿童活动范围最狭小的年岁里，他必须要通过模仿的方法来学会生存，这时候父母的一言一行，都是孩子的典范，这是不可选择的阶段。如何不焦虑地做好孩子的典范，有几个小技巧提供给妈妈们。

其一，不讲一句大道理。很多家长喜欢用教训的口吻训自己的孩子。日常生活中有时听到一些家长教育自己年幼的子女："你怎么能乱扔东西啊！真没素质！""什么都想买，我哪有那么多钱啊，真不懂事！"……儿童在年幼的时候没有建立理性思维，这样讲不仅起不到作用，反而还让孩子徒增很多恐惧，失去了自尊。如果他手上有垃圾，我们可以带着他，将垃圾扔进垃圾桶。

其二，在活动中渗透大道理。在一起玩游戏时，让孩子体会合作、诚实守信、接受挫折、积极尝试——父母表现出了什么，孩子也就接收到了什么。活动可以是亲子阅读，也可以是桌游、体育运动，形式要灵活多样。

其三，保持成功者的姿态。成功者不一定是在事业上特别成功，但是我们要体会到自己的价值感，以进取和满足的双重心态示人。妈妈的微笑就是对孩子最好的精神鼓励！

其四，讲述你克服困难的经典案例。不要夸张，要诚实地描述你的故事。孩子都喜欢家长讲故事，这是多么好的一个话题啊！可讲成功的，也可讲失败的，关键是让孩子明白，我的妈妈是一个积极面对生活的人！

孩子是父母的镜子，父母是孩子的影子。这里说的就是孩子对于父母的模仿。模仿包括四个方面，语言、行为、情绪与生活方式。其中的语言、行为、情绪都与人际交往息息相关。教育学之父裴斯泰洛奇曾经说过，母亲与孩子的亲子关系，是未来人际关系的理想典范。我们在与孩子相处的过程中，一定要遵循三分情绪、七分表达，三分态度、七分感受。很多妈妈情绪化问题很严重，总是动不动就发脾气，动不动就摔东西，动不动就使用粗暴而非理性的语言，这样一来，给孩子起到了非常不好的示范效果，孩子会受到这样深远而深刻的影响，他们会将父母的表态当作是一种人际交往的方式，也会这样去和别人对话与沟通。

除此之外，妈妈在给孩子做示范的同时，也一定要讲一讲这样说，这样做背后的原因，帮助孩子理解，让孩子更加明白如何处理不同的人际关系，成为社交小达人。

这个世界上，最懂孩子的人，是我们家长；最能理解孩子的人，还是我们。

抛开家长身份的教育

乘坐地铁的时候，我特别留意带着孩子的父母。在如此熙熙攘攘的环境中，必然产生身体的接触、意念的分歧，孕育出应时应景的教育。这种突如其来的“教育”恰恰反映了家长的教育艺术与教育水平，在这种拥挤不堪的恶劣环境里，能够免费体验教育案例，也是我的一种运气了。

一次，我和其他人一样被身边的人“拥护”着上了地铁。站在我前面的是一对母女俩，她们之间的一举一动很快吸引了我的注意。在地铁颠簸的过程中，小女孩脱离了妈妈的怀抱，伸手去够前方不远处的门栏杆。她的执着与蹒跚让我觉得非常有趣。就在这个时候，这位妈妈突然发话了：“干什么去啊？”孩子用力握住了门栏杆，方才说道：“我怕摔倒啊！”妈妈又说：“到我这里靠着，摔不着的！”之后，孩子不再说话，而有意思的是，她一只手拉着妈妈，另一只手依旧死死地抓住那根栏杆。

在地铁这种拥挤的环境中，人都会有一种寻求安全的需要。通常情况下，大人找扶手，小孩找家长。对于妈妈而言，孩子在她眼里仍是孩子，永远放不下心来，认为自己掌控着孩子是一种责任。然而当孩子有意识地远离家长，寻求扶手的时候，表明他已经开始具备“独立”的意识了。也许是出于模仿，也许是出于新鲜，但可以肯定的是这个小女孩的行为是“成熟”的，是应该得到赞美和强化的。

根据我对年龄性格的划分，30 岁左右的年轻家长正处于支配期。此时的他们具有很强的支配欲、控制欲甚至领导欲。他们希望孩子听话，听从他们口中的每一句命令。而处于 0—6 岁的孩子恰恰处于性格的服从期，由于缺少完全行为能力，他们也需要家长的全方位指引。我在前面的文章说了，0—6 岁，尤其是 4—6 岁是最佳的亲子教育时期。在这个时期中，父母给予的社会教育会帮助孩子建立独立思考意识，培养独立生存能力。而无不遗憾的是，大多数家长在这个需要“狠”的年龄，施予了太多的“柔”，把孩子们彻底给教“软”了。在这个真正需要理性教育的时候，家长们往往凭借着冲动与意气，指挥着孩子们的言行。

地铁里的母亲呼唤着孩子，满足了自己内心的一种控制欲，还打着关心孩子的旗帜，来操控孩子的行为。当孩子进行辩解的时候，母亲感到权威性受到挑战，顿时说道：“到我这里靠着，摔不着的！”她以自己的“高大身材”来捍卫失去的权威性。这就好比，人们在坐新手司机的车，总往后座闪，司机这时候会表现出很不爽的样子，说道：“我开得不错了，好不好？”失去对方的信任自然会产生一种心理上的落差，但那位母亲也许存在一种意识上的偏差。孩子的独立或反叛本身并不代表不信任家长，而是他们渴望接受社会化，体现个人能力、价值或成就感的一种表现。

所以尴尬如上，孩子一只手拉着母亲，一只手仍旧扶着栏杆。反叛的种子就此埋下，而那位母亲却浑然不觉。而拉着母亲的手满足了母亲，那只扶着栏杆的手满足了自己。孩子从小就学会了“和谐”！事实上，家长退一步，孩子就会进一步。当我们有意识地发现孩子的独立意向或行为，应该加以正确的引导与肯定，而不是让他们一味地迎合自己的脚步。倘若孩子自己去扶栏杆，你大可以说，孩子你真棒！这样可以让他站得更稳、更安全！

还有一次，一位年轻妈妈拉着一个五六岁的孩子在大街上走。母亲为孩子买了一根冰棍，小孩目不转睛地看着妈妈手中的冰棍。母亲一边剥去冰棍的包装，一边温柔地对宝宝说，“小宝，别着急，这就给你吃啊！”站在一边的我，听着暖暖的，仿佛回到了自己的童年。就在孩子母亲递给孩子冰棍的瞬间，包装纸飘落在地上。令人不解的是，小孩子屈膝去捡地上的包装纸，母亲急忙嚷道：“干吗呢？别捡啦，多脏啊！”其实孩子只是想捡起来扔进旁边的垃圾桶。

这不是不讲卫生和讲文明发生了冲突，而是妈妈们焦虑上头，生怕孩子不讲卫生，处处过于小心了。我们太多的焦虑，是因为我们永远不能抛开家长这个身份。你的溺爱与愤怒，都会让孩子混淆对人际关系的正确认识，从而不会正确的做人、做事。保持理性、减除感性，运用科学、摒弃主观，这才是对孩子负责任的教育与爱。

我相信教育的能力，也同样相信教育的破坏力。很多时候，我们忽视了孩子成长的细节，把家长身份厚厚地披在了教育的身上。在更多的时候，教育是观察与倾听，它不是一种权力，而是一种理解与支持。从另一个角度讲，家长与孩子其实都是生活的初学者，如果我们能够以一种“成长搭档”的身份与孩子相处，或可称为“亲子共学”，相信亲子关系一定会越发和谐美好。

第七章

全面剖析，你关心的育儿案例

焦虑是当下人生活的常态，妈妈们也不例外，而且妈妈们的焦虑普遍成为一个社会性的问题。通过对上千名妈妈的前期问卷调研，我们发现妈妈们的焦虑聚焦了每个孩子成长过程中以及家庭生活中的关键话题。借由日常与妈妈们来往的书信、留言，本章将通过真实具体的案例，为读者展示一系列妈妈们关心、忧虑的问题及解决方案。希望能给年轻妈妈们一些帮助，在艰难的育儿道路上走得更加从容坚定。

孩子特别胆小怎么办?

勇赫老师：

您好，我的女儿3岁10个月了，从她嘴里听到最多的字就是“怕”，超市外小摊上的音乐声，她会喊“怕”；去到陌生的环境，她也会喊“怕”，另外她也害怕和小朋友一起玩，更愿意待在大人怀里。这让我担心，她会不会太胆小了，我应该怎么帮助她？

苹果妈

苹果妈：

您好，感谢您的信任。

害怕是人的一种正常的生理反应，就像疼痛一样，害怕也是一种信号，起到了自我保护的作用。一方面，0—4岁的孩子普遍表现为对于声音的敏感；另一方面，有一些孩子由于缺乏安全感而表现出了人际退缩。我相信通过训练，她的胆子可以大起来。请切记，我们一定不要采用粗暴的方式训练孩子的胆子，一定要循序渐进的引导。

1.**为了提高安全感，家长需要多陪伴。** 父母的陪伴有着很深的心理学意义，科学证明父母双方的陪伴时间越长，孩子越自信、越勇敢。在陪伴过程中，进行亲子游戏、亲子运动、亲子旅游，让孩子体验多种生活方式。

2.**建立良好的亲子关系。** 亲子关系是一切关系的基础。通过亲子关系，父母传授给孩子如何与人沟通、如何适应环境的经验。父母的经验有着破除恐惧与迷茫的功效。除此之外，在日常生活中暗示孩子“可以做到”，但不要强迫孩子做他害怕的事情。

3.**拜访亲朋好友。** 陪伴孩子走亲串友是一种非常好的社交训练。胆子小的孩子会从家长与别人的主动交往中进行模仿与反思。不要要求孩子在别人面前当众表演或讲话，也不要将他与别的小孩进行比较，孩子在一旁的观看与参与便会渐渐褪去社交焦虑。在回到家之后，可以与他交流感受，效果会更好。

4.**让孩子做事情之前，做好示范动作与示范讲解，排除他的顾虑。** 很多的恐惧来源于对不确定性的顾虑，这一点孩子与大人是一样的。在要求孩子做一件事情之前，家长如果能够很好地示范，是再好不过的事情。

5.**对于敏感话题、敏感场景的脱敏。**事实上，孩子总会对一些个别的东西表示害怕与畏惧。我们首先允许他与一个东西保持一段距离，再逐渐拉近距离。比如孩子害怕狗，我们不能一上来就把他带到狗的跟前，而是先在离着狗很远的地方，问他："这样不是很害怕对吗？"在接下来的环节中逐渐靠近狗，直到孩子在狗的跟前也不害怕。除此之外，少用"我们不怕"这样的话，这同样是一种消极暗示。

孩子总是瞎折腾、搞破坏怎么办?

勇赫老师:

您好，我的孩子两岁多，简直可以称得上是“破坏王”!刚给他买的高级积木，本以为他可以搭成美丽的城堡，没想到他却到处乱扔乱砸，真是伤透了我的脑筋，真不知道该如何教育?

枣枣妈

枣枣妈:

您好! 感谢您致信。可以肯定的是，儿童的一些破坏性行为不是恶意，而是一种感性思维与情绪的表达。事实上，他们并不完全理解积木或其他玩具的意义，只是通过自己的理解与模仿来表达自己的观点，这样就容易引起父母的一些误解。家长需要耐心的守候与引导，切忌用成人的标准来衡量孩子。此外，可以尝试下面几种做法:

1.**了解儿童的身心发展规律，放平心态。** 事实上积木、绘图等游戏，需要比较强的综合能力来进行。难度系数比较大，这时最需要做的不是让孩子搭个城堡，而是让他对学习或游戏产生兴趣。

2.**做好示范。** 您只把积木堆到孩子面前，孩子也会像您一样把积木堆到另一旁。0—6 岁，父母都要与孩子做玩伴，做好示范是玩游戏、学动作的必要环节。

3.**充满热情。** 如果想让孩子喜欢积木，首先您就要表现对积木的喜爱。很多家长总是靠玩具“牵制”孩子，然后自己去做家务，看电视……这其实并不高明！您手捧图书，孩子就会爱书，您轻拿轻放，孩子也会珍视爱惜。另外，不要动不动回家就是往沙发上一躺，或者动不动就撒气扔东西，记住“小眼睛”一直盯着您看呢！

4.**感统训练。** 消除“破坏性行为”，不能靠把孩子的手脚捆住来解决，而恰恰要解放他们的双手双脚，让他们能做出更多建设性的事情来。这就需要我们对 0—3 岁的孩子进行全面的感统训练。

5.**多陪伴孩子。** 父母的陪伴与交流可以让孩子健全心智、平复情绪，获得爱与安全感，这是任何一种训练都无法替代的。

到底和孩子聊什么?

勇赫大叔:

莎莎五岁了，我现在遇到了一个特别大的烦恼，不知道如何与孩子进行交流，虽然看了您的不少文章，但我还是不知道和孩子聊什么话题比较好。我相信很多家长也会遇到类似的问题，希望能够得到您的帮助！谢谢！

莎莎妈

莎莎妈:

您好！感谢您对我文章的厚爱与支持。前一段时间我一直在向家长传播一种新的理念，即人际关系的好坏取决于亲子关系，亲子关系取决于亲子沟通，亲子沟通取决于亲子沟通的话题。好的话题决定了好的沟通，没有好的话题，就没有好的沟通。之前，我们一直在分享有关亲子沟通的技巧，今天我们就着您的提问，来讲讲话题的内容。

事实上，亲子沟通是从怀孕时就开始的。孩子在娘胎里接受着外界的信息，由于声音在固体中传播最快，胎儿实际上更容易接受各种信息。让孕妇接触一些节奏平稳的音乐，非常有助于胎儿心脏的发育。有些准父亲喜欢对着肚子里的生命进行交流，这是必要的，因为声波的刺激会加快胎儿对于外界的适应能力。但是值得一提的是，不同的声音和语调对胎儿的发育有着不同的影响。

0—3 岁儿童处于感性思维阶段，他们对于不同的感觉刺激会有不同的反应，如会被鲜艳的颜色、悦耳的声音所吸引。无论是 1 岁还是 2 岁开始学会说话，由于受到大脑发育的影响，也只能停留在简单的模仿阶段。沟通意味着相互传递信息。0—3 岁的时候，孩子多半是在“收听”的阶段。值得注意的是，孩子在这个阶段认为母亲和自己是一体的，母亲与自己的对话，就是孩子自己在自言自语。0—3 岁时期，母亲的评价决定了孩子怎样来看自己，甚至可以说为孩子贴上了终身的标签。

由于婴幼儿不具备成人的思维能力，所以我们与他们沟通的话题也显得极为有限。这时候不必急于让孩童死记硬背知识，更不可以和他去讲大道理。多对他微笑，带领他进行丰富的感统训练（请阅读相关书籍），才是当务之急。把对孩子的要求改为更多的活动，引导他多去接触不同的场合和人。0—3岁不是沟通训练的时期，我们表现出对孩童更多的宽容即可。

4—6岁是亲子关系的建设时期，可以说这个时候的亲子沟通是最重要的。从另一个角度说，6岁之后，儿童进入了叛逆期，也进入了学校环境，父母对于儿童的“说教”或“传授”显得阻力重重，沟通的内容会发生改变。可以说，6岁之前，由于心理与智力发展水平较低，处于服从期的儿童非常愿意接受父母提出的指导性要求，这样足以让他们体会成就感。我们经常评价七八岁的孩子，“七八岁，讨人嫌”，而觉得四五岁的孩子是最可爱的，因为他们听话，好管理。可以说，这是我们站在大人的角度，又在用成人的标准去衡量孩子。我发觉，大多数家庭教育模式是这样的：六岁之前溺爱，六岁之后严打。之前，我也经常听到一些教育专家讨论，关于孩子到底该不该“打”这个话题。古语有“孩子不打不成器！”有些学者更是认为跟小学生讲道理根本无济于事，只有武力才能惩罚到他们，进而可以修正他们的行为……

事实上，孩子6岁之后教育上遇到的尴尬问题，很多是因为6岁之前教育的失败。该理性爱的时候，我们溺爱孩子；该感性关怀的时候，我们严惩孩子，难怪如今有这么多父母与孩子之间存在着矛盾与误会。

4—6 岁之前是父母，尤其是母亲为孩子传递“社会经验”的时期。在沟通过程中，孩子在父母那里学会了如何处理人与人之间的关系，如何对待不同的观点，如何表述自己的感受。就像我写过的一篇文章《就管“孩子”到六岁》，由于儿童是有备而来，所以他在学校生活中会显得游刃有余。一个人只有在良好的人际关系下，才可能专心进行学习或工作。

我们与孩子聊些什么呢？当然是共同话题。我想，无论是销售与客户、丈夫与妻子，共同话题才是拉近双方关系的法宝。可是我们与孩子有什么共同话题呢？从年龄到能力，从环境到经历，基本上我们没有任何的切入点。在这样的情况下，父母对待幼儿的态度，往往是“宠物化”的，这种做法对于儿童的身心发展很不利。我们需要将理性的爱表现出来，我能想到的最好的平台就是绘本的阅读。

随着时代的进步，读书的目的已经不是单纯的获取知识，图书具有的更大的价值被人类所开发。图画书（绘本）的一大价值就是为亲子沟通提供交流的话题，并且是一个非常有效的亲子关系平台。为什么这么说呢？图画书不仅属于孩子的童年，同样也是我们这代人美好的儿时记忆。孙悟空大闹天宫、邋遢大王历险记、黑猫警长与一只耳，这些经典故事与主角形象深深地印刻在我们脑海中，捧着一本本书时也许是我们生命中最近一次感受到幸福！手捧着我们共同心爱的图书，幸福的喜悦会从我们顺利“流向”我们的孩子。功能性绘本，尤其是情商绘本，可以作为情商教育的最佳教材。情商绘本，如《彩香蕉》《宝贝熊玩转数学》等，通过短短的几个小故事，叙述了孩子与孩子之间、孩子与大人之间发生的或可能发生的一些问题，通过角色们的沟通，事情最终朝着大家满意的方向发展，让读者体会到生活的美好与意趣。情商绘本专门以情商培养为重点，不同于品德教材的是，它更看重的是挖掘孩子的想象力，培养他们灵活的应变能力。打开情商绘本，每一个小角色的内心世界，都是父母与孩子沟通的话题。“亲爱的宝贝，他遇到了什么问题？”“她现在的心情怎么样？”“如果是你，你会如何去做呢？”类似这样的心语交流，既能轻松让孩子学会关心别人，也可以教会他们如何与人相处。如果说让孩子站在家长的角度想问题是件困难的事情，那么让孩子替故事中的角色着想，则相对容易一些。

我始终认为沟通的目的在于增进情感，而不是达成目标的一致。一个善于沟通、善于交流情感的人，无论是在学习、工作还是恋爱方面，都将成为社交达人。4—6 岁的亲子绘本阅读，就是儿童未来通向幸福的第一步。

另外，我们的沟通当然不可以仅拘泥于书本，还要鼓励孩子，并创造机会让孩子与其他小朋友接触。我认为，同龄孩子之间沟通的事情，一定是儿童非常感兴趣的话题，只是很多父母们并没有重视它。不要小看同辈群体之间的互动，其中所能起到的作用丝毫不逊于书本上的知识。儿童在一起可以最直接地体会到合作、竞争、成功、失败、追捧、冷落等人类行为。他们会在一次次的游戏中，适应人类社会，明白人与人之间关系的微妙。父母与孩子在聊天过程中，不要带有道德色彩，如“他不是好孩子，你离他远一点！”，或主观判断，如“我认为你是这群小朋友中最强的！”，而应该以开放性的话题为主，如“你们这里谁比较厉害？”“他为什么会那么厉害呀？”。在这种问话过程中，孩子会有“被尊重”的感觉，也会用这种提问方式去问别人。不容置疑，父母最关心的是自己的孩子，我们会迫不及待地问“你怎么样？”“他比你强吗？”在儿童游戏过程中，“过程”永远比“结果”重要。我们应该用较为理性的方式引导他们，让他们觉得我们的话很“有用”。但是，我们没必要告诉孩子如何做是正确的，而是要告诉他们获取“最对的”答案的方法。“他厉害，一定有他的原因，不如去问问他有没有诀窍？”“我相信，你要是帮助那个小朋友，你也许会更加厉害！”

任何人，无论岁数大小，都希望收获真诚与建议，4—6 岁的孩子也不例外。除了以绘本及游戏为交流话题外，我们还可以围绕孩子自身问题作为交流话题。

在一次活动中，有一个六七岁的孩子向其他小朋友发自己的名片。当收到名片之后，其他孩子首先感到新奇，然后便表示乐意与他进行交往。当我收到名片后，我更加佩服这个小孩了，因为在他的眼中，已经形成了一个比较成熟的观念——大人、孩子都可以成为朋友。在名片上，像模像样地记录着他的学校、班级、姓名、QQ 号、兴趣与爱好。太有才了！他了解自己，也希望让其他人了解自己，并且使用了名片这种有趣亦有效的方式。受这个孩子的启发，“个性名片”就成了我培训课上的一个保留项目。

我是谁？很难回答。我是什么样的，却是很容易回答的。我们可以聊一聊关于孩子的一切，包括姓名、性别、年龄、身高、体重、兴趣、特长，喜欢的颜色、食物，崇拜的同学、老师、偶像，最想去的地方，直到最大的梦想……了解孩子，才能更好地教育孩子。同时，孩子对于自己的了解，也有助于他身心的发育。在询问的过程中，也同时引导他们关注家长的基本情况，如“你喜欢红色，你猜妈妈喜欢什么颜色？”“你喜欢跳舞，妈妈其实也喜欢跳舞呢！”这样一来，他们也就学会了将来如何与陌生人进行交流。

在所有基本信息中，“兴趣”是需要格外注意的，孩子无意间说出的“兴趣”，很有可能成为他们潜能爆发的地方，很有可能成为未来生存的立足之本。如果不止一次孩子说“我喜欢跳舞！”那么你就要“认真”一下，争取孩子尽可能长的对跳舞的热度。切记不要让孩子频繁更换“兴趣”，这对于成长没有任何好处。重视孩子所说的每一个“第一次”，这也是要让他学会对自己的言谈负责任。既然“喜欢”跳舞，我们就要了解跳舞，在与孩子的沟通过程中，我们也要“渗透”对于舞蹈的热衷，更重要的是带动他思考，如何能够成为很好的舞者。买一些教学片，报一个教学班，甚至拜访一些老师，让他知道任何事情的达成都需要付出努力。我们的鼓励不要用在孩子的进步上，而要用在他的毅力上。

如何帮助孩子建立学习兴趣?

勇赫老师:

您好! 我的孩子6岁了，我给她报了学前班，可是孩子始终没有进入学习状态，我非常担心她这样的学习状态之后如何适应学校的生活。她总是一边玩一边学，而且玩心很重，如何让她爱上学习呢?

珊瑚妈妈

珊瑚妈妈:

您好! 感谢您的信任!

我们经常认为学业是从上小学开始的。我们用学龄前与学龄后称呼两段时间。事实上，真正的学习不是从小学开始的，而是在早期教育就开始了。在0—6岁的时间里，形成了孩子对于学习的兴趣、态度、习惯以及一定的学习能力。这些方面中，学习兴趣是重中之重，将影响孩子的一生。

在信中，您提到了孩子的玩心重，学习上不能全神贯注，从表面上看是习惯不良，本质上是孩子并没有体会到学习的乐趣与意义。而在学前阶段去强调学习的意义不容易被孩子理解，所以我们应该尽量从学习的有趣性着手。我想可以从这几个方面去努力。

1.**家长与孩子一同学习。**家长是孩子的一面镜子，您觉得重要的事情，孩子也会觉得很重要。如果我们要求孩子看书，而自己却在看电视，就会对孩子形成误导，家长做有意思的事情，而把无聊的事情交给了自己。我想一个时常捧书阅读的家长，孩子也会去欣然模仿。

2.**将知识与日常生活相结合。**生活即教育，日常生活中处处能够体现学习的成果。比如买菜的时候，让孩子帮助计算价格，我们可以捎带手地说一句“看，数学真的很有用啊！”在生活事件中的鼓励，比起在学业上的鼓励更能激发孩子的兴趣。

3.**良好学习环境的建立。**学习是一件值得重视的事情，那么我们就需要提供一个好的环境。可以不买贵的衣服鞋帽，却要买好的书桌文具，这种细微的导向或侧重，敏感的孩子是可以察觉出来的。孩子在学习的过程中，家长不要动不动就端个水、递个水果，而要保护孩子独立思考的空间。

4.对于努力而非结果的奖励。 很多家长包括教育工作者都对孩子取得好成绩给予奖励。由此导致了很多孩子不以取得好成绩而骄傲，却以换回奖品而自豪。答对题本身就是一种天然的奖励，不需要附属品，而我们真正应该奖励的是孩子的“努力”。当孩子认真思考而没有取得结果时，更需要我们给予他们鼓励，甚至是物质上的奖赏，以此促进孩子学习兴趣的形成。

离婚后怎么育儿?

勇赫大叔：

您好！我家宝宝现在3岁半了，我和孩子的父亲在去年的时候离婚了。他父亲是一个非常不负责任的男人，对孩子的事情一点都不关心。我现在担心的是没有父亲的教育环境，会不会对孩子有影响。现在看书的时候，我会尽量不让他看到“爸爸”的画面，他现在也好像懂事似的，刻意地跳过有父亲的画面，我也不知道这样做对不对。此外，我不知道什么时候与孩子交流和他爸爸离婚这件事情为好，请老师帮帮我。

童童妈妈

童童妈妈：

离婚对于一个孩子的影响是一生的，有的孩子会因此更加早熟与独立，但是更多的孩子会表现出安全感的缺乏与过于敏感的特征。您说得没错，没有父亲对于孩子的成长环境当然会有很大的影响，父亲在生活中带给孩子更多的勇气、自信甚至智慧。面对现状，如果孩子的爸爸真的是一个非常不负责任的父亲，也可能您做出了一个正确的决定，那么我希望给你一些建议，让孩子能够尽可能地受益。

既然离婚已经成为一个既成事实，那么我们必须接受它。我们都是成年人，已经用理性思维做出了抉择，就要承担抉择带来的一切后果。但是我想说的是，如果您想让孩子不介意这件事情，自己首先要放下这件事情。从您的言语中可以看出，您可能还对孩子的父亲有恨有介意，这些都会影响您的情绪与生活。我想告诉您，离婚在如今的社会已经不是一个难以启齿甚至丢人的事情，有很多的人重复着同样的故事，所以您可以告诉自己这很正常。只有抱着这样的心态，在面对孩子的时候，才能显得自然，让孩子可以自然地接受这个事实。

您说到给孩子讲故事书的时候会刻意回避父亲的角色，我觉得这是没有必要的。这种回避是一种隐瞒，对于孩子接受现状没有任何的好处。就像我上面所说，如果您接受了现状，也就让孩子以一颗平常心接受它了。

至于何时告诉他，我有这样的想法。很多人认为要到长大之后再告诉孩子离婚的事情，这是不对的。因为对于童年期的孩子的隐瞒，在青春期的孩子眼中是最严重的欺骗，而且到时候会更难以接受，甚至导致精神崩溃。我觉得3—4岁是告诉孩子离婚事实的适合时期，他们没有过于理性的思维与逻辑能力，但是可以听懂一些简单的人之常情，与他们非常客观平和地进行交流，可以让他们接受这个事实。

在我看来，亲子教育中最需要做的，是调整好母亲的心态。俗话说，人生不如意之事十之八九。我们一生会经历各式各样的挫折与难关，关键看我们的心态与应对方法。母亲如果在面对离婚这件事情上灰心丧气或者躁狂不安，会直接影响到孩子对于感情、生活甚至人生观的思考；倘若母亲表现出淡定、从容，用一种积极阳光的心态面对生活，会让孩子体会到母亲的坚强与果敢，会自觉向母亲学习，获得人格的提升。

童童妈妈的人生路还很长，童童的人生路更长，我们需要的不是面对现实困境，而是如何争取美好生活。

【反思】

离婚给孩子带来的影响很大、很深、很远。作为父母，我们当然应该为孩子着想。建立良好的亲子关系与夫妻关系的“金三角”显得尤为重要，我把它称之为家庭支持系统，每一个人都要发挥自己在家庭中的作用与功能，为家庭做贡献，这个系统才能运转顺利。当然我们更应该看到对方的贡献与努力，学会欣赏对方，就像我们恋爱的那一年一样……

两个孩子怎么带？

勇赫老师：

您好！

经常关注您的博客，您的亲子教育理念引导着80后的父母如何去更好地理解孩子，努力做孩子的贵人。从中我也受益匪浅，平时与孩子相处时也经常应用您的方法，比如孩子要买东西时，“商谈”式方法真的很见效，即锻炼了孩子的思维能力，也使亲子关系更加融洽。因为我和他爸爸都比较忙，孩子需要外婆的照顾，最近外婆来了，也把我的侄子带过来了。侄子4岁多，比较顽皮，可能是平时他的父母比较宠他，小毛病很多，说脏话、东西随地丢、不懂规则、不如他心意时就大叫，给人的感觉，这孩子在教养方面差些。

我的儿子和他相处了两个多月，现在也跟他学会了一些小毛病。但是两个孩子在一起玩得很快乐。我的儿子早上起来第一句话就是问他的哥哥在哪里，平时我要是带儿子出去买东西时，儿子总是说，妈妈，给哥哥也买一个吧。这都是好事，但是让我头疼的是，儿子也跟侄子学会了很多小毛病。我也曾想，为了孩子更好地成长，我费了很多心思，现在可倒好，侄子来了都给搅了。由于各方面原因，现在也没有办法，只有让他们在一起成长。

对于侄子，我也是严加管教，但是4岁多的孩子，原来的小毛病，很难一时半会给改掉，我想请勇赫老师给出出主意，在这种环境下，我如何做才能更有利于两个孩子的成长？

小宝妈

小宝妈：

您好！听到您运用我说的“贵人式家长”“商谈式沟通”等育儿方法给您带来了一些帮助时，我感到非常开心。对您的信任与关注，在此也表示感谢。

可以看出您是一个非常自信而且对于育儿非常上心的妈妈，并且尝试着使用不同的教育方法来帮助孩子。在小侄子出现之前，您感觉自己已经非常进入状态，并且是得心应手。当小侄子出现之后，则感到育儿的“危机”出现了，儿子好像更容易受到同龄人的影响，您教给孩子的好习惯在一点点地改变，这让您感到非常苦恼。

0—3 岁与 3—6 岁的儿童分别处于两个截然不同的阶段，前者处于感性思维，后者处于知性思维阶段；前者的训练重点是行为能力与习惯，后者训练的是人际沟通与情商。正因如此，您会觉得两个孩子是没有教育交集的，难怪会感到吃力与苦恼。可以说，同时教育不同阶段的孩子，是一个教育难题，我们在做团体辅导时，也经常会考虑这个问题。不得不说，您遇到了一次“育儿危机”：儿子模仿侄子，侄子模仿他的父母，您的教育成果被“抹杀”了……

其实，儿子与侄子之间还是有重合的地方。我在前面的文章里写过，人一生要经历不同的性格阶段，0—6 岁属于服从期；6—18 岁属于叛逆期。也就是说，6 岁之前的孩子还是非常听话的。关键是看家长如何做到合理的教育管理与教育分配。

我们这一代人大部分可能都是独生子女，但我们的父母都会有兄弟姐妹，他们是怎么被教育大的呢？很显然，是我们的祖父母带大的——我们的祖父母没有那么多的精力，会采取一种“大孩看小孩”的方法，这样做既可以培养大孩的责任感，又可以培养小孩的模仿力，两全其美。侄子并不是您带大的，所以您可能也不太信任“大孩看小孩”这种方式，其实我们可以换个方式来看。

我们要将教育的时间进行划分，如果教育的时间是一定的，我希望您把它平分为三阶段。第一阶段，要让侄子自由活动，给儿子进行感统训练和行为习惯的培养；第二阶段，要给儿子放假，给小侄子进行亲子阅读与沟通的训练，在这个时候，儿子在安全的范围内可以自由活动，但事实上他一定会感兴趣你是怎么教育侄子的，并会一直关注；第三阶段，带领两个孩子进行集体活动。

这样做的目的是，儿子会逐渐意识到，您代表正确与权威，哥哥和他一样是一个学习者。有几点特别需要注意：

1.**鼓励双方找出各自的特点，包括优点、缺点。**可以以一种游戏的方式展开。同辈群体的评价有时候更能激发改变。

2.**阳性强化法的使用。**对于任何一个孩子正确的行为都要奖励，由于替代强化效应，另一个孩子也会跟着做。苏霍姆林斯基也曾提到过平行教育观点，家长需要理性地当着两个孩子的面，讲明奖励或惩罚的原因，即儿子或侄子做出了怎么样的言行，越具体效果会越好。

3.**树立侄子正面形象。**在儿子心目中，您是一位非常慈善温和的母亲，由于侄子的介入，您的形象发生了变化，这对于儿子的心理来说很不利。所以家长还要一如既往保持本色，表现出游刃有余的样子。给儿子树立侄子优秀的大哥哥形象，经常在儿子面前说一说侄子的优点，侄子会因为需要保护自己的形象而约束自己的言行，儿子也会取长补短。

4.**组织多层次的亲子活动，充实孩子们的生活。** 刚才我提到了一种“分时段教育”，相信可以给您一些启发。但大部分时间，儿子和侄子需要一同参与亲子活动，这样可以充实他们的大脑，学会如何与他人相处。这包括亲子运动、家务劳动、家庭圆桌式会议等。

就像您来信中所说的，儿子与侄子在一起的时候玩得很快乐，也学会了分享，这就是同辈群体相处的收获。这种具有特色的教育环境，恰恰是“危机”当中的“机”。这需要我们准确把握每一次冲突，尽量使用科学理性的方法巧妙化解，让两个孩子都受益。

任何时候都不要表现出愤怒与无奈，而要让孩子感觉到，我的妈妈是一个有方法的人，一个有自信的人。